RITUAIS UMBANDISTAS

Oferendas, Firmezas
e Assentamentos

Rubens Saraceni

RITUAIS UMBANDISTAS

Oferendas, Firmezas
e Assentamentos

MADRAS

© 2025, Madras Editora Ltda.

Editor:
Wagner Veneziani Costa

Produção e Capa:
Equipe Técnica Madras

Revisão:
Vera Lucia Quintanilha
Arlete Genari
Renata Assumpção

Dados Internacionais de Catalogação na Publicação (CIP)
(Câmara Brasileira do Livro, SP, Brasil)

Saraceni, Rubens
Rituais umbandistas: oferendas, firmezas e assentamentos
Rubens Saraceni. —São Paulo: Madras, 2025.
13ed

ISBN 978-85-370-0255-1

1. Umbanda (Culto) 2. Umbanda (Culto) — Rituais
I. Título.
07-5558 CDD-299.60981

Índices para catálogo sistemático:
1. Umbanda: Rituais: Religiões
afro-brasileiras 299.60981

Proibida a reprodução total ou parcial desta obra, de qualquer forma ou por qualquer meio eletrônico, mecânico, inclusive por meio de processos xerográficos, incluindo ainda o uso da Internet sem a permissão expressa da Madras Editora, na pessoa de seu editor (Lei nº 9.610, de 19.2.98).

Todos os direitos desta edição reservados pela

MADRAS EDITORA LTDA.
Rua Paulo Gonçalves, 88 — Santana
CEP: 02403-020 — São Paulo/ SP
Tel.: (11) 2281-5555 — (11) 98128-7754
www.madras.com.br

Índice

Apresentação 7
Introdução 9
Oferendas e Assentamentos 13
    1) Oferenda de agradecimento 13
    2) Oferenda de pedido de ajuda 14
    3) Oferenda de desmagiamento 15
    4) Oferenda de descarrego 16
    5) Oferenda propiciatória 17
    6) Oferenda purificadora 18
    7) Oferenda para firmeza de forças na natureza 18
Os Três Estados da Criação 23
Trama e Enredo 37
O Enredo 39
    Os Elementos Usados nas Oferendas 42
Mistérios Ativados Pelas Oferendas 49
    O Mistério das Sete Oferendas Sagradas 50
O Mistério das Oferendas Sagradas 53
    O Fundamento das Oferendas 54
    Como Fazer uma Oferenda 58
As Oferendas aos Orixás 61
Oferendas Básicas Umbandistas 67
    Oferenda ao Orixá Oxalá 68
    Oferenda ao Orixá Oxumaré 69
    Oferenda para o Orixá Oxóssi 69
    Oferenda para o Orixá Xangô 70
    Oferenda ao Orixá Ogum 70
    Oferenda para o Orixá Obaluaiê 71
    Oferenda para o Orixá Omolu 71

Oferenda para o Orixá Logunan..71
Oferenda para o Orixá Oxum 72
Oferenda para o Orixá Obá..72
Oferenda para o Orixá Oroiná..72
Oferenda para o Orixá Iansã 73
Oferenda para o Orixá Nanã Buruquê..73
Oferenda para o Orixá Iemanjá 73
Oferenda para o Orixá Exu 74
Oferenda aos Pretos-Velhos 74
Oferenda aos Baianos...74
Oferenda aos Boiadeiros...75
Oferenda aos Marinheiros..75
Oferenda para os Erês 75
Oferenda para os Exus Mirins 76
Oferenda para Pombagira..76
Oferendas para os Caboclos(as)..76
Assentamentos de Forças e de Poderes..79
Introdução..79
O que é um Assentamento?...83
O que é uma Firmeza?..85
Tipos de Assentamentos 86
Otá – O Início dos Assentamentos 93
Como Fazer as Firmezas dos Outros Orixás 101
Firmezas de Proteções..102
Como Fazer as Firmezas dos Mistérios Umbandistas....................113
1– Mistério das Sete Penas Sagradas......................................115
Os Mistérios e Suas Regências 121
Conclusão 128

Apresentação

A Umbanda é uma religião que tem seus rituais, que são de natureza magística, iniciática e religiosa.
- Magísticos, porque são realizadores.
- Iniciáticos, porque são iniciadores.
- Religiosos, porque são atos de fé.

Portanto, todos os rituais umbandistas apresentam essas três características mesmo quando elas não estão visíveis.

Uma sessão de trabalhos espirituais é um ato de fé, pois nossa religiosidade nos ensina que devemos vivenciá-la incorporando nossos guias espirituais e fazendo a caridade espiritual.

Em uma sessão de trabalhos, quando vivenciamos nossa fé, os guias espirituais são espíritos iniciados em mistérios da criação e seus procedimentos, desde suas saudações, suas danças, suas formas de falar, são iniciáticos e os diferenciam das incorporações espirituais profanas.

Nos trabalhos de caridade espiritual, realizados nos centros de Umbanda, tudo é magia. Ela vai desde as baforadas de fumaça até o estalar de dedos; desde as defumações até os cantos dos pontos de chamada para o trabalho. Tudo é mágico na Umbanda.

Por trás de tudo e de todos estão os sagrados Orixás, que são mais que uma entidade incorporante que se apresenta como um Ogum, como um Oxóssi; como um Xangô; como uma Iansã; como uma Oxum; como uma Iemanjá; como um Omolu; como um Exu, etc.

Os sagrados Orixás são muito mais que isso. Eles são os governadores da criação do nosso Divino Criador Olorum e são mistérios em si mesmos, pois estão em nós; estão na natureza; estão em tudo e em todos.

Portanto, devemos entender que a Umbanda, por ser uma religião magística e iniciática, tem seu ritmo e sua cadência que devem ser seguidos ao pé da letra, senão interferimos em seu fluir natural e em processos e procedimentos preestabelecidos pela espiritualidade.

Mas, paralelo a essa necessidade de procedimentos aceitos e fundamentadores da religião umbandista, temos a necessidade de livros didáticos colocados à disposição dos médiuns e dos frequentadores dos nossos centros, pois só conhecendo e entendendo o que temos de fazer, faremos com firmeza, certeza e confiança e, aí sim, obteremos bons resultados.

A grande dificuldade dos frequentadores dos centros de Umbanda está no fato de, após uma consulta com um guia espiritual, ter de ir até algum ponto de forças da natureza e fazer alguma oferenda ou algum tipo de despacho.

Para eles é constrangedor porque não sabem como fazê-los e não entendem o porquê de ter de fazê-los pessoalmente.

Também vemos a dificuldade dos médiuns iniciantes quando seus guias solicitam que lhes façam tais e tais coisas.

Faltam-lhes conhecimentos teóricos e práticos para fazê-los com segurança, certeza e confiança.

Por tudo isso e muito mais, fomos compelidos a preparar este e alguns outros livros fundamentadores da religião, das práticas dos rituais e da teologia umbandista, somando-nos a outros autores que também estão contribuindo com seus trabalhos educadores e doutrinadores.

Esperamos auxiliar nossos leitores em geral e os médiuns umbandistas em particular.

Um abraço fraterno a todos!

Introdução

Quantas pessoas são possuidoras do dom mediúnico da incorporação e quantas têm noção disso?

Não existe uma estatística nesse campo e o que sabemos é que muitas pessoas vivem suas vidas terrenas em grande sofrimento, confusão mental e emocional, infelizes e sofredoras devido a uma faculdade que não dominaram por desconhecê-la ou por receio de "receberem espíritos" em seus corpos.

Muita coisa já foi feita nesse campo e serviu para facilitar o entendimento sobre o espírito humano e sua interatividade com as outras dimensões da vida e das realidades nelas existentes, ainda que sempre reste algo a ser estudado e esclarecido.

Quantas pessoas, por desconhecimento, não estão sofrendo nesse momento por causa dessa interatividade entre os dois lados da criação, que são o lado material e o espiritual?

Quanto sofrimento não está sendo vivenciado nesse momento porque pessoas com faculdades mediúnicas desconhecem esses seus dons espirituais e o atribuem a seu corpo biológico, quando deveriam refletir sobre o espírito sobrecarregado de vibrações e energias que o atormentam?

Lamentavelmente, o misticismo, a superstição, o tabu, o medo, a vergonha, a ignorância e o oportunismo sempre predominaram no entendimento do nosso espírito e do mundo espiritual que nos envolve, pois, se somos matéria, também somos espírito.

E sempre que alguém se dispôs a explicar essa interação entre a matéria e o espírito, uma onda de adeptos dos dogmas e dos tabus tudo fez para calar a voz desses iluminados. Essa é uma razão que move pessoas, que fazem tudo o que souberem e puderem para desclassificarem a existência de uma realidade ou dimensão espiritual umbilicalmente ligada ao plano físico e ao nosso corpo biológico.

Mas desconfiamos que o medo do desconhecido e a ignorância sobre como Deus opera em nosso espírito seja um dos motivadores dessas pessoas, tão zelosas com suas crenças e tão obstinadas a negarem as possibilidades aventadas pelos estudiosos dos dons espirituais.

Dons estes que, em desequilíbrio, nos afetam de tal forma e com tanta intensidade que, ou nos entupimos com os mais variados medicamentos drogando nossa mente, ou sofremos doenças no corpo biológico que o influenciam porque o nosso espírito está em desequilíbrio.

A Umbanda, uma religião nova se comparada com outras que são milenares, vem encontrando uma resistência tenaz por parte destas porque, criada no século XX, nos remeteu de volta à natureza e tem nos ensinado que um dos meios de alcançarmos o reequilíbrio entre matéria e espírito encontra-se justamente nela.

Muitos dos nossos adversários dizem que regressamos ao animismo, ao panteísmo, ao misticismo, etc., e não creditam qualquer benefício aos trabalhos nela realizados para reequilibrarmos pessoas que sofrem justamente porque desconhecem o lado natural da vida e do nosso espírito.

Quando aprendemos a lidar com alguns aspectos do mundo natural e do mundo espiritual, seguimos procedimentos desenvolvidos ao longo do tempo por experimentação, e obtemos resultados satisfatórios, que trazem o alívio às pessoas prejudicadas pelo desequilíbrio na interatividade entre os lados espiritual e material, vemos como são importantes tais procedimentos.

Realizar oferendas com as mais variadas finalidades, fazer assentamentos e firmezas de forças e poderes naturais com conhecimento de causa, sempre são benéficos e nada têm de misticismo, panteísmo, animismo ou ignorância, e sim, nos remete a um tempo em que não havia outros recursos além dos que a própria natureza nos fornecia e que só precisávamos aprender como nos servir deles.

Estabelecem uma relação sólida e estável com o mundo espiritual e nos servir do que ele tem para nosso benefício não é negar Deus, mas fortalecer nossa crença na imortalidade do espírito e na sua capacidade de influir sobre a matéria.

Logo, não há nada de errado ou condenável em conhecermos a natureza e o mundo espiritual e nos servirmos dos benefícios que a nós oferecem, pois se existem, foram criados por Deus.

Que se sirva desse conhecimento quem quiser e souber como fazê-lo, mas que ninguém duvide disso porque é só uma questão de tempo para os nossos mais ferrenhos adversários descobrirem-se espíritos imortais tão dependentes da natureza quanto de Deus.

Nosso único propósito ao idealizarmos este livro teórico sobre oferendas e assentamentos foi o de esclarecermos o assunto e não o de ensinar algo que já adquiriu uma dinâmica própria dentro da Umbanda.

A cada dia surgem novas oferendas e novos assentamentos de forças e de poderes, formas essas desenvolvidas pela espiritualidade que atua na Umbanda por intermédio dos seus médiuns de incorporação e de trabalhos espirituais.

Devemos nos guiar pelo bom senso e pela razão para não cairmos no ridículo, pois Umbanda é religião e não deve ser maculada por pessoas desequilibradas ou com o emocional exacerbado por coisas sobrenaturais.

A lógica e o bom senso têm que prevalecer em nossas ações e nos guiar em assuntos tão importantes para nosso bem-estar espiritual e nossa segurança no relacionamento com o mundo espiritual.

Esperamos que este livro seja útil aos nossos irmãos umbandistas no esclarecimento desses controvertidos rituais e recomendamos que leiam e releiam o capítulo no qual abordamos os três estados da criação, pois ele fundamenta as oferendas e os assentamentos de forma racional e lógica.

Oferendas e Assentamentos

O que são?
As oferendas são atos magísticos-religiosos e os assentamentos são concentrações de forças e poderes magísticos dentro de um espaço limitado.

As oferendas podem ter várias finalidades, tais como:

1) Oferenda de agradecimento
2) Oferenda de pedido de ajuda
3) Oferenda de desmagiamento negativo
4) Oferenda de descarrego
5) Oferenda propiciatória
6) Oferenda purificadora
7) Oferenda ritual de firmeza de forças na natureza
8) Oferenda ritual de assentamento de forças e poderes espirituais e dignos.

Comentemos cada uma dessas formas de oferendas:

1) *Oferenda de agradecimento*

Esta oferenda é feita em função do auxílio já recebido.

Muitas vezes estamos envoltos em dificuldades de tal importância que nos ajoelhamos e ali, em nossa fé, invocamos Deus e algum dos seus mistérios ou divindades e pedimos-lhes que nos ajudem, que depois lhes ofertaremos algo em agradecimento.

Uns fazem promessas; outros prometem uma oferenda na natureza; outros prometem dar algum auxílio aos necessitados, etc.

Quando são promessas, seu cumprimento é uma questão de foro íntimo e, após cumpri-las, as pessoas sentem-se melhor e em paz com Deus e com a divindade invocada.

Quando são oferendas, a pessoa que as prometeu deverá fazê-las, pois também se sentirá melhor, e com a grata sensação do dever cumprido.

Em ambos os casos, o não cumprimento do que foi prometido acarretará cobranças conscientes que, a longo prazo, acarretarão transtornos a quem prometeu e não cumpriu.

Saibam que Deus e suas divindades são oniscientes e, por saberem as causas dos nossos desequilíbrios e das nossas dificuldades, exigem de nós atitudes que nos reequilibrem e nos livrem das nossas dificuldades.

Portanto, cumprir o que foi prometido não é dar ou fazer algo por Ele e elas, mas é fazermos algo para e por nós mesmos.

Deus e as divindades não comem, mas, ao lhes ofertarmos uma "ceia ritual", estamos compartilhando nosso sucesso e nossa vitória, atribuindo-lhes o apoio para que elas acontecessem.

Ali, no momento de "comemoração", estamos dizendo de forma simbólica que sem o Seu auxílio e delas não teríamos tido sucesso; estamos agradecendo-lhes; e estamos dando prova de nossa fé em seus poderes, reverenciando-os com o que lhes prometemos.

2) Oferenda de pedido de ajuda

Esta oferenda vai desde uma vela acesa em um castiçal, pedestal ou altar até a ida a um ponto de forças da natureza, onde abrimos um espaço mágico e depositamos dentro dele os elementos mais afins com as forças e os poderes que serão invocados.

Esse tipo de oferenda é muito comum entre os umbandistas que, por terem muitas forças e poderes à disposição, às vezes a fazem para mais de uma divindade, para obterem mais rápido a ajuda solicitada.

Ela é em si um ato de fé no poder de realização das forças e dos poderes das entidades de Umbanda Sagrada.

- Forças são espíritos hierarquizados.
- Poderes são as divindades de Deus.

As forças estão assentadas nos pontos de forças da natureza e estão à nossa direita e à nossa esquerda.

Os poderes estão assentados no alto e, nos pontos de forças da natureza, quando invocados ficam de frente para nós ouvindo e anotando mentalmente nossos pedidos que, se forem justos e do nosso merecimento, com certeza serão realizados a nosso favor e benefício.

Esse ato mágico encerra-se em si mesmo e a pessoa que o fez só precisa aguardar.

3) *Oferenda de desmagiamento*

Esta oferenda deve ser feita sempre que estivermos magiados por trabalhos pesados, difíceis de serem desmanchados e anulados dentro do centro de Umbanda.

Há trabalhos de magia negativa que são fáceis de ser cortados, desmanchados e anulados. Mas há outros de tal monta que, se forem mexidos, desencadeiam reatividades incontroláveis.

Nesses casos, a ação recomendada é a pessoa magiada ir até a natureza e, dentro de um ponto de forças, invocar alguma(s) força espiritual ou algum(s) poder divino e confiar-lhe a neutralização e a anulação dessas magias complicadíssimas e muito perigosas.

Na natureza, a força ou o poder invocado cria um campo neutralizador ao redor da magia negativa, isolando-a e envolvendo-a de tal forma que, caso aconteçam reatividades, são contidas e neutralizadas dentro do próprio campo que as envolvem.

Não são poucos os médiuns ainda inexperientes ou os guias espirituais iniciantes que, no afã de ajudarem as pessoas magiadas, acabam desencadeando essas reatividades e complicando-se de tal forma que são obrigados a irem até a natureza e fazerem uma oferenda descarregadora para se livrarem dos efeitos negativos acarretados.

Muitos guias espirituais e médiuns já tarimbados recomendam à pessoa magiada que ela vá direto ao ponto de forças e poderes da natureza e ali, dentro dele, faça a oferenda e invoque uma força espiritual ou um poder divino para que tome conta da magia negativa, neutralizem-na e a desmanchem.

Isso é correto, pois a explosão de uma reatividade muito intensa dentro de um centro pode afetar seus campos protetores de dentro para fora, fato este que abre buracos nele, pelos quais começam a entrar hordas de espíritos perturbadores.

Há centros de Umbanda cujos campos protetores estão totalmente esburacados e seu interior é "pesadíssimo".

4) Oferenda de descarrego

Esta oferenda deve ser feita nos pontos de forças e de poderes da natureza para que ali aconteçam os mais variados tipos de descarregos, que vão desde espíritos desequilibrados até quebrantos e mau-olhado.

O descarrego não se refere só ao que projetam contra nós mental ou magisticamente, mas pode ser usado para nos livrar do que atraímos com pensamentos de baixa qualidade.

Quando estamos vibrando em nosso íntimo sentimentos negativos e nossos pensamentos tornam-se confusos, nosso magnetismo mental se negativa e baixamos nossas vibrações, imediatamente começamos a nos ligar por finíssimos cordões com espíritos desequilibrados, também vítimas dos seus sentimentos negativos.

Essas ligações acontecem devido à lei das afinidades, que nos ensina que semelhantes se atraem.

Uma pessoa que estiver vibrando negativamente se ligará automaticamente a outras e a espíritos com o mesmo padrão vibratório. E isto só a enfraquece ainda mais porque passa a fazer parte de uma imensa rede de mentais interligados pela baixa qualidade dos seus sentimentos.

É impossível transportar para dentro de um centro de Umbanda milhares de espíritos desequilibrados. Então, os guias recomendam que as pessoas nessas condições negativas sejam levadas por um médium bem preparado e que, após fazer uma oferenda às forças e aos poderes do ponto de forças da natureza, faça ali, no campo de uma divindade, um descarrego completo, livrando-a de encostos e obsessores espirituais.

O que é possível ser feito dentro dos centros de Umbanda os guias espirituais fazem, mas há situações tão complexas que somente descarregando tudo na natureza a pessoa ficará livre de todas as suas "ligações" com o baixo astral, e sem tumultuar o bom andamento dos trabalhos realizados dentro dos centros de Umbanda.

5) *Oferenda propiciatória*

Esta oferenda tem a função de desencadear ações das divindades e das forças da natureza que gerarão "para a pessoa que a fizer" a devolução do que lhe foi tirado por de magias negativas ou do que ela perdeu por incúria e desleixo para com sua vida espiritual.

Por meio de magias negativas são tirados a saúde, a prosperidade, as forças espirituais, a harmonia, a paz, o equilíbrio, o ânimo, a criatividade, a convicção, a crença, a religiosidade, a alegria, o humor, o desejo, o vigor, a esperança, etc.

Todas as magias negativas causam perdas às suas vítimas.

Essas perdas podem ser de ordem espiritual ou material. E quando acontecem em um campo, o outro se ressente e, se nada for feito, acabará sendo afetado também.

São tantas as possibilidades de perdas que o melhor a ser feito é um bom descarrego em um ponto de forças da natureza e, depois de sete dias, a pessoa deve fazer uma oferenda propiciatória às forças e aos poderes do mesmo ponto de forças da natureza ou em outro, caso seja o mais adequado para repor-lhe o que lhe foi tirado ou o que perdeu por incúria e desleixo para com sua espiritualidade.

Algumas pessoas chegam a tamanhas perdas que até as forças espirituais e as naturais que as amparam são suprimidas, deixando-as entregues à própria sorte (ou azar).

Perdas dessa ordem são terríveis, pois essas forças são nossas protetoras e amparadoras, e sempre atuam no sentido de nos conduzir em equilíbrio e harmonia.

Mas quando são suprimidas por magias negativas, tudo se complica na vida da pessoa, pois quem deveria intuí-la sobre o melhor para sua vida foi afastado e quem assumiu seu lugar foram forças negativas programadas para atrapalhá-la.

Falsas intuições, perturbações do humor, enfraquecimento das convicções; desconfiança de tudo e de todos, pânico e inércia são alguns indicadores de que a pessoa vítima de uma magia negativa sofreu graves perdas.

Elas não acontecem só nos campos e no lado material da vida de uma pessoa que perde o emprego, sua empresa, sua família e suas amizades. Elas atingem também os campos e seu lado espiritual, bloqueando-lhe o raciocínio e o discernimento.

Com a pessoa bloqueada por um terrível processo mágico negativo, a famosa "Lei de Murphy" aplica-se na íntegra: tudo o que pode dar errado, dará!

6) Oferenda purificadora

Esta oferenda não difere muito dos propósitos das anteriores, mas se destina à limpeza áurica e energética.

Geralmente ela é feita à beira-mar, em cachoeiras, nas matas, nos rios e em cemitérios.

Nos pontos de forças da natureza e nos cemitérios existem vórtices específicos que têm por função absorver energias negativas espirituais geradas por nós.

Após absorverem nossas sobrecargas, esses vórtices fazem uma separação das energias e enviam cada uma para uma dimensão elemental, onde elas são reincorporadas às correntes eletromagnéticas cósmicas.

As oferendas purificadoras devem ser feitas sempre que sentirmos que estamos sobrecarregados.

7) Oferenda para firmeza de forças na natureza

Esta oferenda é feita a pedido das entidades (guias espirituais e Orixás) para que possam nos auxiliar a partir dos pontos de forças e quando queremos ter uma força (espiritual, natural ou divina) atuando em nosso benefício.

Os fundamentos dessa oferenda são estes:

• Em relação aos seres encarnados, todas as forças e poderes da natureza são neutros e, mesmo nos vendo necessitados, elas não podem interferir em nosso benefício.

Esta é uma lei que regula os relacionamentos entre os seres e entre esses, Deus e suas divindades.

Há leis na criação que nos são desconhecidas, mas que são seguidas à risca por todos os seres que as conhecem.

Uma delas nos revela algo semelhante ao que se segue:

a) Deus criou os seres perfeitos e criou-lhes meios (domínios, reinos, faixas vibratórias, dimensões da vida e realidades específicas) para que possam viver em paz, harmonia e equilíbrio.

Mas se um ser sair do seu meio, arcará com as consequências que lhe advirem. E, ou ele aprende como reconquistar a paz, a harmonia e o equilíbrio ou ficará sofrendo as consequências de sua iniciativa em um meio que não é o seu!

Esse "aprender" pode ser de várias formas e o aprendizado nem sempre é agradável, mas uma lição amarga e inesquecível. Fato este que poderá desestimulá-lo a novas iniciativas que contrariem sua evolução no seu meio.

Em todos os meios existem forças e poderes responsáveis pela manutenção do seu equilíbrio.

• As forças assemelham-se aos funcionários das repartições públicas.

• Os poderes assemelham-se aos governantes de um país (prefeitos, governadores, ministros, presidente).

Todos estão voltados para a evolução pacífica, harmoniosa e equilibrada dos seres colocados sob suas guardas.

• Aqui na Terra, se ficamos doentes, vamos até o médico ou o chamamos para vir até nossa casa.

• Se temos problemas com documentos, temos de regularizá-los nos departamentos responsáveis pela prestação pública desse serviço.

• Se formos agredidos de alguma forma, temos de ir a uma delegacia para formalizarmos uma queixa, para que a autoridade competente tome as providências necessárias para que a agressão não se repita e o agressor seja punido.

• Se fomos ameaçados, chamamos a polícia para afastar de nossa vida o ameaçador.

• Se vamos nos casar, temos de proceder segundo as leis vigentes civis e religiosas, senão nossa união será vista como ilegal.

E assim é com tudo mais, certo?

• No mundo astral isso também existe e funciona da mesma forma, enganando-se quem acredita que nele cada um faz o que quer.

• Porém, na luz, reina a democracia e nas trevas reina a tirania.

• Na luz, reina o amparo mútuo e nas trevas reina a opressão generalizada.

• Na luz, ajuda quem quer e nas trevas, oprime quem pode.

• Na luz, obedece quem é sábio e nas trevas, submete-se quem é fraco.

Pois bem, de posse desse conhecimento, aí sim, podemos entender de forma correta o mistério por trás das oferendas e aceitarão como o melhor procedimento a ser feito caso estejamos sendo agredidos ou caso tenhamos nos encrencado com alguém.

Nada é de "graça" e tudo tem um "preço" a ser pago. Esse preço poderá ser pago de várias formas e a mais preciosa é o perdão. O segundo preço mais precioso é o pedido de desculpa aos que ofendemos.

Há várias outras formas de pagamento para nos livrarmos de encrencas, problemas e dificuldades. Mas a maioria reluta em pagá-los e preferem endividar-se ainda mais, sempre crendo que quem tem de pagar são os outros, nunca nós!

Isso é regra entre os seres humanos e, justamente por ela, é que tantos espíritos estão vagando pelas trevas e tantos processos cármicos arrastam-se por séculos, nunca terminando.

Alguns ainda se saem com justificativas insustentáveis, tais como: errei com fulano, mas bem que ele merecia! Menti para evitar um mal maior!

Oras, ninguém merece ser vítima de um erro alheio. E ninguém evitará algum mal com uma mentira, ainda que esteja bem intencionado.

Com isso, complicamo-nos de tal forma que, ou firmamos algumas forças para nossa proteção ou os espíritos e as pessoas que pensam e agem de forma negativa nos aniquilam. E não são poucos esses espíritos e essas pessoas. A Umbanda fundamentou-se nas leis divinas sustentadoras da criação e deixou aberto para seus adeptos e seus seguidores um recurso mágico-religioso importante, que são as firmezas de forças e poderes nos pontos de forças da natureza.

Essas firmezas têm várias finalidades, tais como para defesa e proteção de um centro, de um lar, de um estabelecimento comercial, de uma pessoa, etc.

A Umbanda possui muitas hierarquias espirituais também conhecidas como linhas ou correntes espirituais.

Esses espíritos hierarquizados estão assentados à direita e à esquerda dos sagrados Orixás e, quando seu médium recebe a ordem de trabalhar nas sessões de atendimento ao público, é preciso que vá até a natureza no campo vibratório do Orixá ao qual seu guia espiritual está ligado e lhe faça ali uma oferenda ritual.

O ato de fazer uma oferenda ritual a um guia espiritual em um ponto de força abre-lhe a possibilidade de recorrer à própria hierarquia e às forças da natureza, tanto para auxiliarem seu médium como para socorrerem as pessoas que atender.

A oferenda ritual abre determinado campo da natureza ao médium e cria entre ele e o Orixá regente desse campo uma ligação, uma linha direta de comunicação por meio da qual poderá invocar as forças e os poderes da divindade durante os trabalhos no Centro ou em casa, caso isso seja necessário.

Toda oferenda tem uma finalidade e a oferenda ritual atua como uma chave de abertura e de religação do médium com o Orixá regente do ponto de forças e com as forças espirituais, naturais e divinas assentadas nele que, a partir daí, reconhecem no médium alguém que pode entrar e sair do ponto de forças sem outros procedimentos, a não ser um respeitoso pedido de licença, para nele trabalhar.

Esse "nele trabalhar" significa que o médium pode fazer oferendas de todos os tipos já descritos; pode levar pessoas ou pode enviá-las até o ponto de forças para que façam para si a oferenda necessária e dali comecem a receber o auxílio necessário.

Recomendamos aos médiuns umbandistas que façam de tempo em tempo uma oferenda ritual a um Orixá no seu ponto de forças da natureza e que, após ela ter sido entregue, faça outras duas: uma para um guia espiritual da direita e outra para um da esquerda, ambos membros das hierarquias espirituais regidas pelo Orixá.

Com isso feito, o médium firma um triângulo de forças e poderes: o Orixá no alto; o Caboclo na direita; o Exu na esquerda.

A firmeza desse triângulo de forças fecha um campo protetor do médium e este poderá recorrer a ele sempre que se sentir necessitado.

Esse procedimento simples, mas necessário, só precisa de alguns cuidados antes de ser feito e de algum tempo para ir tranquilo até o campo de forças, pois uma oferenda ritual de afirmação de forças e de poderes não é um ato comum, mas a ativação na natureza de um campo protetor e realizador que, após ter sido ativado, começa a atuar em benefício do médium que o fez.

Como todo médium está ligado às Sete Linhas de Umbanda, a posição dos Orixás e dos guias espirituais da direita e da esquerda criam uma trama ou um enredo, com ele no centro.

O enredo é dificílimo de ser identificado por nós no plano material e o melhor é não se fixar a uma ou a outra trama para não cometer erros de identificação.

Desdobrem cada um dos mistérios no setenário sagrado e terão tantos elementos com poder e finalidades mágicas que suas oferendas, suas firmezas e seus assentamentos serão poderosos.

Os Três Estados da Criação

Em um livro de nossa autoria *(Magia Divina das Velas, Madras Editora)* começamos a mostrar as irradiações das chamas das velas e as denominamos de ondas vibratórias.

Em outros dos nossos livros abrimos um pouco mais o Mistério das Vibrações Divinas e tudo foi assumindo forma.

Chegamos a comparar as ondas vibratórias aos genes, pois, tal como eles, elas têm funções e realizam ações específicas na criação porque cada modelo de onda transporta uma energia específica que é capaz de realizar um trabalho só seu.

Sempre de forma didática e prática, desenvolvemos comentários sobre as ondas vibratórias e a energia transportada por cada uma delas denominando-as "Fatores de Deus".

Em vários livros de nossa autoria, os fatores são nomeados com o nome de verbos, assim como são classificadas as ondas vibratórias, tornando fácil o entendimento de tão complexo mistério de Deus.

• Os mistérios das ondas vibratórias e dos fatores de Deus, guardadas as diferenças, são tão complexos quanto a física e a química, estudadas no plano material.
• Física para as "ondas vibratórias".
• Química para os "fatores de Deus".

Observem que os físicos e os químicos vêm desenvolvendo o conhecimento humano de forma maravilhosa e, de tempo em tempo, surpreendem a humanidade com a descoberta de leis e princípios que tanto respondem a muitas indagações como imediatamente são aplicadas na vida, criando novos conhecimentos e novos produtos.

Assim, o sobrenatural vai cedendo seu lugar ao natural porque se tornou compreensível e foi colocado sob determinado controle (o da ciência).

Mas se assim tem acontecido com todas as ciências acadêmicas terrenas, o mesmo não se aplicava às coisas religiosas e magísticas, sempre relegadas ao sobrenatural.

No nosso modelo, a abordagem e os comentários sobre o universo divino, o natural, o espiritual e o magístico são racionais e aos poucos vêm delineando-os sob uma nova visão ou ângulo de observação.

Quando alguém diz que tal folha ou erva é de um Orixá e se perguntado por que ela é desse Orixá e não de outro, ouvimos como resposta que ela é dele porque é, pois foram os 'mais velhos' que ensinaram isso. Fica, então, uma fresta para a dúvida, porque falta toda uma explicação que justifique tal afirmativa.

Pacientemente, e de livro em livro, toda uma ciência e um modelo explicativo foram tomando forma e criando um modelo racional fundamentador das afirmações corretas dos nossos "mais velhos" que, se eram verdadeiras, no entanto, sofriam pela falta de um "modelo explicativo e fundamentador".

Quando, após a publicação de vários livros teóricos e didáticos, toda uma ciência divina delineou-se, tudo foi sendo explicado e fundamentado.

Então, chegamos a um modelo padrão que responde a maioria das perguntas e fundamenta quase tudo o que está na Umbanda, e o que se usa nos trabalhos espirituais e magísticos dentro e fora dos seus centros.

O modelo é este:

Olorum (Deus) é o princípio de tudo e está em tudo o que criou e gerou de Si.

Como Deus criou e gerou tudo, Ele é o princípio de tudo e tudo se inicia Nele.

Porque tudo se inicia em Deus, então tudo tem seu princípio e está fundamentado Nele.

Logo, tudo tem seu princípio criador e gerador.

Esse princípio criador-gerador que cada uma das coisas criadas por Deus traz em si distingue-a e a diferença de todas as outras e dá-lhe uma individualização que facilita sua identificação, sua classificação e sua denominação.

Nós, os seres racionais em nosso planeta e em seu lado material, identificamo-nos como humanos, classificamo-nos como mamíferos e nos denominamos como seres racionais, separando-nos de outras espécies criadas por Deus em outros dos seus princípios criadores-geradores.

O que justifica essa afirmação é o fato de seres humanos só gerarem seres humanos, bovinos só gerarem bovinos, equinos só gerarem equinos, etc., entre os mamíferos, mas de espécies diferentes.

Já entre os vegetais, que também têm seus princípios criadores-geradores específicos e fundamentados em Deus (pois todos concordamos que Ele criou e gerou tudo), eles também têm suas identidades próprias e uns são classificados como pertencentes a uma espécie e outros, a outras.

Observação: aqui não usaremos os nomes científicos, e sim os populares para nomearmos tudo e todos.

Porque cada espécie vegetal tem seu princípio criador-gerador em Deus, elas também têm suas identidades e individualidades que as distinguem entre si.

Também, se observarmos os minérios e as rochas, veremos que cada espécie tem seu princípio criador-gerador específico que a individualiza e a identifica separando-a das outras espécies.

O mesmo ocorre com as aves, com os peixes, com os répteis, etc.

E cada coisa criada e gerada por Deus traz em si seu princípio criador-gerador que tanto a identifica, classifica e denomina, individualizando-a, assim como a impede de, a partir de si, criar e gerar outras coisas ou outras espécies.

Com isso, a criação e o geracionismo original e fundamentado em Deus está garantido, não se desvirtuando nem degenerando nada e ninguém.

O conservacionismo é um dos princípios existentes em Deus. Nosso modelo contempla três estados para tudo o que Ele criou e gerou:
- Estado divino
- Estado espiritual
- Estado natural

No estado divino, tudo é divino.
No estado espiritual, tudo é espiritual.
No estado natural, tudo é natural.
O que é divino mostra-se como divino.
O que é espiritual mostra-se como espiritual.
O que é natural mostra-se como natural.

Tudo o que existe em um dos estados das coisas criadas e geradas por Deus também existe nos outros dois estados, mas já se mostrando no estado em que se encontra.

A partir daí, então, só há um mesmo princípio que cria, gera e dá sustentação a uma coisa (uma espécie) no seu estado divino, no espiritual e no natural, pois a razão e a lógica nos faz crer que não poderiam haver três princípios (um para cada estado) para uma mesma espécie, porque aí não manteriam a correspondência identificatória, classificatória e denominativa.

E, finalmente, chegamos a essa afirmativa: Deus é único e é em Si o princípio de tudo.

Tudo, por ter origem em Deus e por ter sido criado e gerado em um princípio específico, o traz em si e tanto tem sua individualização sustentada por Ele como pode ser identificado, classificado e denominado por Ele.

E porque tudo se mostra nos três estados, mas cada coisa gerada e criada por Deus o é em um princípio único, então um único e específico princípio sustenta, identifica, classifica e nomeia cada coisa (espécie) nos seus três estados (o divino, o espiritual e o natural).

Logo, o que encontramos, identificamos, individualizamos, classificamos e nomeamos em um dos três estados da criação também existe nos seus dois outros estados, ainda que, por nos encontrarmos em um deles, os outros dois não nos sejam visualizáveis ou acessíveis.

E como tudo tem sua origem e seu princípio sustentador em Deus, a unidade é mantida, pois uma espécie não gera outra, mas só a sua, mantendo-se única na criação.

Daí, com essa forma de identificação, classificação e denominação entendida, basta recorrermos a um modelo científico para agruparmos e nomearmos as coisas criadas e geradas por Deus, para chegarmos aos princípios gerais ou universais e aos princípios específicos e limitados a uma espécie.

Como cada espécie de vegetal tem seu princípio criador-gerador específico, mas todos são classificados como vegetais, então temos um princípio geral e universal sustentador de todos os princípios específicos vegetais que os individualizam, classificam-nos e os nomeiam.

- E o mesmo acontece com os minérios.
- E o mesmo acontece com as rochas.
- E o mesmo acontece com as aves.
- E o mesmo acontece com os peixes, etc.

Logo, em vez de estudarmos Deus por meio de muitos princípios específicos, nosso modelo recomenda fazê-lo a partir dos princípios gerais e universais.

E como a Umbanda é regida pelo Setenário Sagrado, afixamo-nos em sete princípios gerais e universais sustentadores do que se mostra aos nossos olhos na natureza terrestre (o estado natural) em seu lado material.

- Temos um princípio vegetal sustentando os vegetais.
- Temos um princípio mineral sustentado os minerais, etc.

Daí englobamos tudo em sete princípios gerais e universais, que são estes:

- Princípio cristalino;
- Princípio mineral;
- Princípio vegetal;
- Princípio ígneo;
- Princípio eólico;
- Princípio telúrico;
- Princípio aquático.

Esses sete princípios englobam tudo o que se mostra em seu estado natural e conseguimos identificar, classificar e nomear cada coisa (ou espécie) criada e gerada por Deus nesse estado.

- Os cristais, individualizados, formam a natureza em sua parte cristalina.
- Os minérios formam a parte mineral da natureza.
- Os vegetais formam a parte vegetal da natureza.
- As temperaturas das coisas formam a parte ígnea da natureza.
- Os gases formam a parte eólica da natureza.

- Os solos formam a parte terrena da natureza.
- Os líquidos formam a parte aquosa da natureza.

Esses sete princípios gerais e universais são os sete princípios criadores-geradores existentes em Deus para o estado natural a que estão no Setenário Sagrado.

E como tudo que se encontra em um estado (aqui, o natural) se encontra nos outros dois, mas mostra-se em acordo com eles e mantêm-se sustentados pelos mesmos princípios gerais e específicos, então basta transpormos esse Setenário Sagrado para o estado espiritual que encontraremos pessoas, animais, aves, répteis, etc. (que são seres espirituais) sustentados por esses sete princípios gerais e universais.

Nós os denominamos desta forma:

- Seres ou espécies espirituais cristalinos;
- Seres ou espécies espirituais minerais;
- Seres ou espécies espirituais vegetais;
- Seres ou espécies espirituais ígneos;
- Seres ou espécies espirituais eólicos;
- Seres ou espécies espirituais terrenos;
- Seres ou espécies espirituais aquáticos.

Mas, como para cada estado, cada coisa tem sua forma de mostrar-se, ainda que o seu princípio geral e único seja o mesmo, então transformamos gradativamente o modelo natural, para os sentidos da vida, também englobados pelo Setenário Sagrado, e que são estes:

- Sentido da Fé → princípio criador, gerador e sustentador dos cristais ou das rochas.
- Sentido do Amor → princípio criador, gerador e sustentador dos minerais.
- Sentido do Conhecimento → princípio criador, gerador e sustentador dos vegetais.
- Sentido da Razão ou da Justiça → princípio criador, gerador e sustentador das temperaturas.
- Sentido do Caráter ou da Lei → princípio criador, gerador e sustentador da ordem.
- Sentido da Sabedoria ou da Evolução → princípio criador, gerador e sustentador da evolução das espécies e das passagens de um estado para outro.

- Sentido da Criação e da Geração → princípio criador, gerador e sustentador da multiplicação das espécies.

Nos seres humanos, essa transposição do que existe e se mostra no estado natural gerou arquétipos físicos e psicológicos, sendo que aqui daremos só o segundo, pois o primeiro já é de conhecimento geral.

- Sentido da Fé → seres religiosos
- Sentido do Amor → seres agregadores
- Sentido do Conhecimento → seres expansores
- Sentido da Justiça → seres equilibradores
- Sentido da Lei → seres ordenadores
- Sentido da Evolução → seres transmutadores
- Sentido da Geração → seres geracionistas

A partir do estabelecimento de um modelo analógico, passamos a recorrer à analogia para identificarmos as coisas e seus princípios criadores-geradores-sustentadores-identificadores-classificadores-nomeadores.

Até aqui temos isto:

Fé	Religiosidade	Cristais
Amor	União	Minerais
Conhecimento	Expansão	Vegetais
Justiça	Equilíbrio	Temperaturas
Lei	Ordem	Gases
Evolução	Transmutação	Terras
Geração	Geracionismo	Águas

Essa correspondência analógica nos mostra sete sentidos, sete aspectos dos seres e sete elementos da natureza terrestre.

Como tudo o que se mostra no estado natural também se mostra nos outros dois, ainda que em acordo com o estado em que está se mostrando, então podemos transpor esses sete sentidos para o estado divino da criação, que encontraremos seres divinos que também se adaptam a ele e nos permitem identificá-los, classificá-los e nomeá-los.

No estado natural, temos os elementos formadores da natureza terrestre: cristal, mineral, vegetal, fogo, ar, terra e água.

No estado espiritual, temos os espíritos associados aos elementos por meio dos sentidos: da fé, do amor, do conhecimento, da justiça, da lei, da evolução e da geração.

No estado divino, temos os setes mistérios maiores sustentadores da vida, que nos permitem associá-los aos poderes emanados por Deus e nos permitem identificar, classificar e nomear suas divindades regentes:

- Mistério da Fé — Divindade da Fé
- Mistério do Amor — Divindade do Amor
- Mistério do Conhecimento — Divindade do Conhecimento
- Mistério da Justiça — Divindade da Justiça
- Mistério da Lei — Divindade da Lei
- Mistério da Evolução — Divindade da Evolução
- Mistério da Geração — Divindade da Geração

Essas divindades-mistérios podem ser identificadas, classificadas e nomeadas, mas só por intermédio do estado natural, porque nele suas vibrações divinas estão dando sustentação à formação e manutenção dos elementos, e que também são os captadores, os absorvedores, os concentradores, os condensadores e seus irradiadores para os seres e para os meios.

Como as vibrações de uma divindade-mistério, que é em si uma manifestação de Deus e rege um dos sete sentidos da vida, quando entram no estado natural da criação fazem surgir um dos sete elementos, que as captam e as irradiam para os seres e para os meios. Então, por analogia, temos como identificar, classificar e nomear cada uma delas, que são estas:

- Mistério da Fé — Cristalina
- Mistério do Amor — Mineral
- Mistério do Conhecimento — Vegetal
- Mistério da Justiça — Ígnea
- Mistério da Lei — Eólica
- Mistério da Evolução — Telúrica
- Mistério da Geração — Aquática

Daí, como os meios naturais se mostram energeticamente de várias formas, gerando meios diferentes, foi preciso estudar aqueles em que cada uma dessas irradiações mais se destacavam e mais facilmente podiam ser estudadas.

Essa necessidade levou-nos às dimensões elementais, em que os elementos resultantes da vibração divina predominam e identificam, classificam e nomeiam cada uma delas, ao que nelas existe, aos seres que nelas vivem e às suas divindades naturais regentes.

O estado divino da criação nos é invisível e, por ser um estado puramente mental, nos é inacessível.

O estado natural da criação, por ser energético, magnético, vibratório e elemental, tanto nos é visível quanto acessível.

Daí, foi só um passo para adentrarmos nas dimensões elementais básicas e identificarmos, classificarmos e nomearmos tudo e todos, a partir do nosso entendimento espiritual.

Com um modelo analógico pronto tudo ficou fácil e resultou em uma tabela compatível.

Com essa tabela, uma correspondência pôde ser estabelecida e bastou substituir os nomes das divindades-mistérios por Orixás para surgir um panteão divino que nos é conhecido e que, no estado natural, pode ser visualizado e descrito:

- Divindade-mistério da Fé →Orixás da Fé
- Divindade-mistério do Amor → Orixás do Amor
- Divindade-mistério do Conhecimento → Orixás do Conhecimento
- Divindade-mistério da Justiça → Orixás da Justiça
- Divindade-mistério da Lei → Orixás da Lei
- Divindade-mistério da Evolução → Orixás da Evolução
- Divindade-mistério da Geração → Orixás da Geração

Por correspondência temos o seguinte:

A Divindade-mistério da Fé é um mistério de Deus que, manifestado, é um mental divino universal onipotente, onisciente e oniquerente, que rege o sentido da fé, irradia suas vibrações para o estado natural e faz surgir a dimensão elemental cristalina, em que predomina uma energia específica condensada nos cristais (nas rochas) e que, quando absorvida pelos seres espirituais, desperta no íntimo delas sentimentos de fé, de fraternidade e de confiança.

ESTADO DIVINO

Divindades-Mistérios	Suas Vibrações	Suas Energias	Suas Irradiações	Seus Sentidos
– Da Fé	– Da Fé - Congregadoras	Cristalina	Da Fé	Da Fé
– Do Amor	– Do Amor - Agregadoras	Mineral	Do Amor	Do Amor
– Do Conhecimento	– Do Conhecimento - Expansoras	Vegetal	Do Conhecimento	Do Conhecimento
– Da Justiça	– Da Justiça - Equilibradoras	Ígnea	Da Justiça	Da Justiça
– Da Lei	– Da Lei - Ordenadoras	Eólica	Da Lei	Da Lei
– Da Evolução	– Da Evolução - Transmutadoras	Terrena	Da Evolução	Da Evolução
– Da Geração	– Da Geração - Gerecionistas	Aquática	Da Geração	Da Geração

ESTADO NATURAL

Divindades Naturais	Seus Elementos	Sua Dimensão	Suas Irradiações	Seus Campos
– Da Fé	Cristal	Cristalina	Congregadoras	Da Fé
– Do Amor	Mineral	Mineral	Agregadoras	Do Amor
– Do Conhecimento	Vegetal	Vegetal	Expansoras	Do Conhecimento
– Da Justiça	Fogo	Ígnea	Equilibradoras	Da Justiça
– Da Lei	Ar	Eólica	Ordenadoras	Da Lei
– Da Evolução	Terra	Terrena	Transmutadoras	Da Evolução
– Da Geração	Água	Aquática	Geracionistas	Da Geração

ESTADO ESPIRITUAL

Sentidos	Vibrações	Irradiação	Naturezas dos Espíritos	Anquétipos
– Da Fé	De Fé	Da Fé	Congregadoras	Congregadores
– Do Amor	De Amor	Do Amor	Agregadoras	Agregadores
– Do Conhecimento	De Conhecimento	Do Conhecimento	Expansoras	Expansores
– Da Justiça	De Justiça	Da Justiça	Equilibradoras	Equilibradores
– Da Lei	De Ordem	Da Lei	Ordenadoras	Ordenadores
– Evolução	De Evolução	Da Evolução	Transmutadoras	Transmutadores

Essa Divindade-mistério identificada, classificada e nomeada Orixá da Fé rege integralmente o sentido da fé e pontifica a irradiação da fé, pois é ela em si mesmo.

Como toda irradiação divina tanto é ativa como passiva, ela tem dois polos que a projetam para tudo e para todos.

Como esses polos só podem ser visualizados e estudados no estado natural da criação, neste podem ser identificados, classificados e nomeados os Orixás naturais responsáveis por eles e pela manutenção do equilíbrio em suas irradiações (ativa e passiva).

Como esses Orixás naturais podem ser visualizados, nós os identificamos, classificamos e nomeamos como Orixás da Fé.

Como uma irradiação tem dois polos, no polo ativo da fé identificamos um Orixá feminino que classificamos como Orixá Feminino da Fé e o nomeamos Logunan.

No polo passivo, identificamos um Orixá masculino que classificamos como Orixá Masculino da Fé e o nomeamos Oxalá.

A visualização desses Orixás não pode ser direta, porque eles são em si um estado natural da criação: o cristalino.

Nós os visualizamos, estudamos, identificamos, classificamos e nomeamos por meio dos seres naturais, que são membros de suas hierarquias. E isso foi possível porque o que se mostra em um estado está nos outros, e vice-versa.

Os membros das hierarquias naturais são nomeados seres naturais de natureza divina ou Orixás naturais. Já os seres da natureza regidos e amparados por eles são nomeados seres de natureza espiritual.

Também encontramos uma correspondência direta entre os seres de natureza divina e os de natureza espiritual, confirmando mais uma vez que o que está em um estado se mostra nos outros dois, ou seja:

O que está nos seres de natureza divina mostra-se nas divindades e nos espíritos.

Simplificando, temos isto:

Divindade-mistério regente do sentido da Fé → Orixás regentes da fé → seres de natureza divina sustentadores da Fé → seres naturais cristalinos → espíritos regidos e sustentados pelo sentido da Fé.

Em sentido contrário (do micro para o macro), já que podemos visualizar, identificar, classificar e nomear os seres espirituais, os naturais, os de natureza divina e as divindades naturais em ativos e passivos e em masculinos e femininos, também podemos fazer o mesmo com a Divindade-mistério da Fé. E o fazemos desta forma:

A Divindade-mistério da Fé, denominado Orixá da Fé, é, em si, um mistério maior de Deus, porque traz em si o duplo aspecto Dele e de sua Criação. Tanto é ativo quanto passivo; tanto é masculino como feminino e, em si, essa dualidade o caracteriza como criador e gerador, predicado este só encontrado em Deus.

Logo, o Orixá-mistério da Fé é Deus manifestado em um dos sete sentidos da vida, criando, gerando e sustentando tudo e todos criados e gerados por Ele nesse sentido.

A correspondência direta entre o Orixá da Fé, as divindades naturais cristalinas, os seres divinos cristalinos, a dimensão elemental cristalina, os seres naturais cristalinos, os espíritos regidos pelo sentido da fé, os elementos da natureza condensadores das vibrações divinas e seus irradiadores naturais, podem ser comprovadas até um certo nível ou estado da criação (o natural), porque dali em diante só o processo analógico nos permite identificar, classificar, nomear e estudar, pois dali em diante tudo se torna invisível aos nossos olhos e impenetráveis à nossa mente.

Mas a regra de ouro que nos ensina que o que está em Deus está na sua criação e nas suas criaturas (os três estados), justifica a nossa certeza na divindade dos sagrados Orixás, nos seus poderes, nos seus domínios, nas suas regências e nas suas ascendências sobre nós, os espíritos humanos.

Também justifica o culto religioso e os pedidos de auxílio dirigidos a eles, pois, na verdade, neles tudo encontra fundamentação elemental, natural, espiritual e divina.

Até as nossas filiações por Orixás estão fundamentadas nesse modelo, pois se temos na regência dos sete sentidos, das sete vibrações, das sete irradiações, dos sete elementos e das sete dimensões elementais básicas suas regências e suas presenças divinas, não há como não estar ligado e estar sendo amparado por um deles.

Tudo é uma questão de deixar as emoções humanas de lado e usar a razão, pois até nossa personalidade íntima, nossos gostos, humor e predileções, encaixam-se dentro desse modelo identificatório, classificatório e nomeador.

Só não vê e não o aceita, quem não quer ou ainda é extremamente cético sobre Deus e seus mistérios.

Umbanda é religião; tem seus mistérios; tem seus fundamentos; está fundamentada em Deus; e os três estados da criação estão tão visíveis dentro de um terreiro de Umbanda que só não os vê quem não quer.

O estado divino mostra-se nos poderes sustentadores da Umbanda e nos trabalhos realizados dentro do seus templos.

O estado natural mostra-se no espaço material e nos elementos usados pelos guias espirituais e pelos seus médiuns.

O estado espiritual mostra-se nos guias e nos médiuns, todos espíritos e todos em correspondência direta com os dois outros estados, pois se não houvesse essa correspondência, um espírito não poderia incorporar em um médium e, por este, atuar no "lado material" da criação, uma vez que ele vive no estado espiritual e manifesta de si os poderes existentes no lado divino.

Umbanda tem fundamentos. Só é preciso conhecê-los!

Trama e Enredo

O que é uma trama mediúnica e um enredo?

A trama são as ligações do médium com forças e poderes espirituais, naturais e divinos. O conjunto dessas ligações é denominado por nós como uma "trama".

A trama refere-se aos guias espirituais dos médiuns. Muitos umbandistas desconhecem a existência de uma trama mediúnica, na qual ele está no seu centro.

Saibam que é sua existência que dá sustentação e fundamenta a existência de tantos guias espirituais para um único médium.

O mais lógico seria haver um só guia e ser sempre ele a incorporar e consultar as pessoas. Mas essa simplificação não é possível por causa da trama, que é uma rede de distribuição de forças, cada uma ligada a um Orixá e a um campo de trabalhos magístico-religiosos.

Como as pessoas chegam aos centros com dificuldades as mais diversas, o melhor é o médium ter entre seus guias uma variedade de opções para que o que for o mais indicado comece a auxiliar pessoas cujas dificuldades estejam localizadas no seu campo de trabalho.

Uma trama espiritual é algo complexo e não é possível fazer um organograma com a distribuição e a localização exata de cada um dos guias espirituais de um médium.

Quem tentou algo nesse sentido acabou falhando em algum ponto, pois nem mesmo os guias tocam no assunto.

Nem sempre o guia com o qual o médium tem mais afinidade é o "chefe" das suas forças espirituais.

Cada guia espiritual está ligado a um Orixá diferente e com isso a trama espiritual de um médium repete seu enredo divino.

O médium umbandista deve ir firmando seus guias na natureza, oferendando-os nos campos dos Orixás sempre que estes forem oferendados.

Na medida em que isso vai acontecendo, suas forças vão se fortalecendo e adquirindo um maior poder de realização no lado espiritual da vida.

É bom que saibam que todo médium tem em sua trama um guia espiritual da direita para cada Orixá, ainda que só um assuma a frente ou a chefia dos trabalhos.

A mesma regra aplica-se à esquerda dos médiuns e, ainda que só um Exu, uma Pombagira e um Exu Mirim se destaquem, há outros guias à esquerda, mas que não se identificam ou, quando o fazem, também se apresentam como "Exus".

O Enredo

A palavra enredo, quando aplicada às posições dos Orixás na coroa de um médium, tem o significado de distribuição.

A posição ocupada por cada um cria toda uma estrutura de poder, assentada desde o primeiro plano da vida e vai até o sétimo, à frente do que vivemos e que é denominado por plano celestial da vida.

Essa distribuição varia de pessoa para pessoa e dificilmente há uma repetição de enredos, pois ele é o código de sustentação divina dos seres.

O enredo começa no Orixá ancestral e termina nos Orixás naturais, cujas casas ocupadas nele obedecem aos estágios evolutivos já vencidos pelo médium.

O Orixá ancestral, o de frente e o adjunto formam o triângulo de forças e poderes do médium e é o que ele precisa conhecer melhor. Quanto à distribuição dos outros Orixás, o enredo contempla essas distribuições:

- Em cruz
- Em pentagrama
- Em hexagrama
- Em heptagrama
- Em octagrama

O heptagrama forma o Setenário Sagrado e deste saem as sete Linhas de Umbanda, com 14 Orixás assentados em seus polos regentes.

Agora, quanto a oferendar, aí têm os 14 Orixás regentes das sete linhas à sua disposição, pois todos estão na sua coroa.

Algumas pessoas procuram saber a distribuição dos Orixás em sua coroa, mas isso é desnecessário e nem sempre as leituras são corretas.

Recomendamos que todo médium vá até a natureza de tempo em tempo e faça uma oferenda de afirmação de forças e poderes para um Orixá.

Após alguns anos de exercício de sua mediunidade, ele terá oferendado e firmado todos os 14 e terá à sua disposição um leque de opções para si e para as pessoas que o consultarem ou aos seus guias espirituais.

Nossa recomendação é a oferenda de afirmação de forças e de poderes na natureza para todos os guias e Orixás.

Agora, fazer assentamento no Centro de Umbanda, aí só recomendamos que o façam para os Orixás de frente, o adjunto e o ancestral, assim como façam para seu Exu, sua Pombagira e seu Exu Mirim na sua tronqueira.

Não é necessário fazer o assentamento de todos os componentes da trama espiritual e do enredo de Orixás.

Basta oferendá-los na natureza, firmando-os para que, daí em diante, possam invocá-los em seus trabalhos espirituais.

Todos os médiuns umbandistas devem saber o indispensável sobre sua religião para que nunca a achem inferior a qualquer outra e saiba que a Umbanda é como deve ser e, se assim é, é porque Deus a quis assim e não de outro jeito.

Se os umbandistas reproduzem muitos dos procedimentos de outras religiões, no entanto devem saber que elas também estão reproduzindo os de outras, muito mais antigas que elas.

Todos os cultos afro-brasileiros se servem das oferendas, das firmezas e dos assentamentos de forças e poderes.

Só que não foram eles quem inventaram quaisquer de suas práticas, e sim reproduziram as de religiões muito mais antigas, muitas das quais já extintas.

Quando alguém, querendo mostrar-se superior, alegar que você, um umbandista, copiou suas práticas, responda-lhe imediatamente que ele também copiou as dele, pois elas são muito mais antigas que sua religião e são tão velhas quanto a própria humanidade.

No campo das oferendas, das firmezas e dos assentamentos de forças e poderes da natureza, essas práticas são universais e vêm sendo praticadas desde os primórdios da humanidade, não sendo propriedade ou de uso exclusivo de qualquer religião ou tradição.

Os povos pré-históricos já realizavam oferendas com o propósito de acalmarem as forças e os elementos da natureza; para se fortalecerem diante de forças e poderes opostos ou antagônicos; para a proteção pessoal ou coletiva; para a cura de doenças e preservação da saúde; para afastar a miséria e trazer a prosperidade; para afastar calamidades e trazer a paz, etc.

Então, isso tudo relacionado às oferendas, às firmezas e aos assentamentos, não foi inventado ou iniciado pelos antigos praticantes dos cultos de nação oriundos da África, mas são práticas realizadas por todos os povos desde tempos imemoriais e não se justifica a atitude de alguns praticantes de outros cultos afro-brasileiros em nos atribuir uma imitação dos seus ritos de oferenda, pois os egípcios antigos já faziam isso há 6 mil anos, quando ainda não existiam, de forma organizada, os povos que geraram o culto aos Orixás, um culto novo se comparado aos mesopotâmicos ou aos chineses ou aos tibetanos ou aos hinduístas ou aos polinésios, todos muito mais antigos que os que surgiram nos antigos territórios atuais Nigéria, Dahomé, Angola, etc.

Se esses outros povos já faziam isso há 6 mil anos e faziam sacrifícios de aves e de animais, ofertavam flores, frutas, comidas e objetos com propriedades mágicas e realizavam tudo isso em locais tidos como sagrados (nossos pontos de forças e de poderes da natureza), então, quem copiou quem?

Você, médium umbandista, jamais deve se sentir inferiorizado em nenhuma de suas práticas mágicas, religiosas e ritualísticas, pois elas são as suas, e não são inferiores às de outras religiões ou culturas.

Jamais aceite calado ofensas infundadas proferidas por pseudoespecialistas, pois em religião nada de novo foi criado nos últimos 11 mil anos na face da Terra, e desde a última era glacial os remanescentes de culturas muito mais antigas só praticam o que já existia.

Afinal, no campo das oferendas, não há muito o que criar ou inventar porque é um campo limitado.

Umbandista, suas práticas são tão legítimas aos olhos de Deus quanto a das religiões mais antigas e não serão os praticantes delas que deverão determinar o que você deve ou pode fazer, mas sim os seus guias e seus orientadores.

Em religião, o velho ditado "sapo de fora não dá palpites" se aplica como uma luva: que cada um cuide da sua e deixe para os praticantes das outras religiões cuidarem das deles. E ponto final!

Os Elementos Usados nas Oferendas

Uma oferenda pode ser feita usando-se muitos ou poucos elementos.

Por elementos, entendam os materiais usados nela (comidas, bebidas, velas, flores, frutas, etc.).

Na Umbanda, como são muitas as linhas de trabalhos espirituais, as oferendas para os guias dependem de suas orientações, ainda que exista uma padronização básica para elas, tais como:

• Para os Caboclos de Ogum: pemba vermelha, velas vermelhas, cravos, charutos, cerveja branca, frutas e uma toalha vermelha com orla de renda branca (ou vice-versa), onde tudo é colocado em cima (menos as velas, é claro!), e fitas vermelhas.

• Para os Caboclos de Xangô: pemba marrom, velas marrons, flores do campo, charutos, cerveja preta, frutas e uma toalha marrom com orla de renda branca (ou vice-versa), onde tudo é colocado em cima, e fitas marrons.

• Para os Caboclos de Oxóssi: pemba verde, velas verdes, galhos de samambaia do campo, charutos, cerveja branca, frutas, toalha verde com orla de renda branca (ou vice-versa), onde tudo é colocado em cima, e fitas verdes.

Aí temos três linhas de Caboclos e pouca variação, pois são oferendas básicas recomendadas por eles para, na simplificação e na repetição de elementos, padronizarem as oferendas a todos os Caboclos, visto que as diferenciações acontecem com o acréscimo de outros elementos recomendados.

Então vocês viram alguns elementos usados:

- Velas coloridas
- Charutos
- Flores
- Folhas
- Bebidas
- Frutas variadas
- Toalhas coloridas
- Rendas coloridas

- Pembas coloridas
- Fitas coloridas

Observem que todos esses elementos têm funções mágicas quando depositados dentro do espaço mágico criado pelas velas.

Na Umbanda, pouco se conhece sobre seus fundamentos mágicos e religiosos, e a maioria dos seus praticantes faz de forma automática suas oferendas, não atinando com o que está por trás de cada uma delas e dos elementos-símbolos usados.

Vamos listar os mistérios mágicos por trás dessas oferendas simplificadas para nossos queridos Caboclos:

1. Velas coloridas – Magia Divina das Sete Chamas Sagradas;
2. Charutos – Magia Divina dos Sete Elementos (aqui, o vegetal) Sagrados;
3. Flores – Magia Divina das Sete Flores Sagradas;
4. Folhas – Magia Divina das Sete Folhas Sagradas;
5. Bebidas – Magia Divina dos Sete Néctares Sagrados;
6. Frutas – Magia Divina das Sete Frutas Sagradas;
7. Toalhas coloridas – Magia Divina das Sete Toalhas Sagradas;
8. Rendas coloridas – Magia Divina das Sete Rendas Sagradas;
9. Pembas coloridas – Magia Divina das Sete Pembas Sagradas;
10. Fitas coloridas – Magia Divina das Sete Fitas Sagradas.

Mais adiante, retornaremos ao assunto das Magias Divinas.

Agora, imaginem se acrescentarmos os pontos de forças:

• Caminho ou campo aberto para Caboclos de Ogum: Magia Divina dos Sete caminhos ou Campos Sagrados.

E por estar sendo colocada em um local sem teto, está no tempo, e automaticamente também se ativa a Magia do Tempo.

Já para os Caboclos de Xangô, se a oferenda for colocada em uma pedreira, aí também temos a Magia Divina das Sete Pedreiras Sagradas.

Se for colocada no sopé ou em uma montanha, aí temos a Magia Divina das Sete Montanhas.

Se for colocada em uma cachoeira, aí também temos a Magia das Sete Cachoeiras.

Se for colocada no pé de uma árvore, em campo aberto, aí também temos a Magia Divina das Sete Árvores Sagradas; e o campo aberto em volta da árvore simboliza os Sete Campos Sagrados, mas, nesse caso, a árvore que cobre a oferenda indica que o Caboclo de Xangô que pediu essa oferenda atuará (ou atua) nos campos do Orixá Oxóssi (a árvore).

Para os Caboclos de Oxóssi, se a oferenda for colocada dentro da mata, aí temos a Magia Divina das Sete Matas Sagradas, além da Magia Divina das Sete Ervas Sagradas.

E se for recomendado que ela seja depositada na mata, mas à beira de um rio, aí temos também a Magia Divina dos Sete Rios Sagrados.

E se for recomendado que ela seja depositada na mata, mas na margem de um lago, aí também temos a Magia Divina dos Sete Lagos Sagrados.

Se for recomendado que ela seja depositada na mata, mas à beira de uma lagoa, aí também temos a Magia Divina das Sete Lagoas.

Se for recomendado que ela seja depositada na mata, mas em uma clareira, aí também temos a Magia Divina dos Sete Espaços Sagrados, no caso, o espaço vegetal.

Observem bem quantos mistérios mágicos já foram citados até aqui, ainda que tenhamos deixado de lado outros que também são envolvidos em uma simples oferenda nos pontos de forças e poderes assentados na natureza.

E isso, sem citarmos o mistério principal, o Mistério das Sete Oferendas Sagradas, mistério este cujo entendimento é de suma importância, pois é nele que todos os tipos de oferendas estão fundamentados.

E como uma oferenda é um ato mágico, também temos de fundamentá-la no Mistério e a Magia Divina das Sete Oferendas Sagradas.

E porque, durante uma oferenda, podemos consagrar algum objeto mágico, temos também o Mistério e a Magia Divina das Sete Consagrações Sagradas.

E porque, durante uma oferenda, fazemos pedidos e clamores por auxílio ou agradecemos pela ajuda concedida, também temos a Magia Divina das Sete Orações Sagradas.

E porque colocamos dentro de uma oferenda nosso nome ou o de pessoas que precisam de ajuda, também temos o Mistério e a Magia Divina dos Sete Nomes Sagrados.

E porque colocamos a fotografia de quem deve ser ajudado ou as usamos para consagrar as imagens dos guias, aí também temos o Mistério e a Magia das Sete Imagens Sagradas.

O Enredo

E porque também colocamos nosso endereço ou o de quem precisa de ajuda para que sua casa seja purificada, aí também temos o Mistério e a Magia Divina das Sete Moradas Sagradas.

E porque colocamos alimentos (comidas) em uma oferenda, aí temos o Mistério e a Magia Divina das Sete Ceias Sagradas.

E porque tudo vibra na criação, então também temos em uma oferenda o Mistério e a Magia Divina das Sete Vibrações Sagradas.

E porque um espaço mágico cria um magnetismo só seu, também temos o Mistério e a Magia Divina dos Sete Magnetismos Sagrados.

E porque os elementos colocados dentro do espaço ocupado pela oferenda irradiam, também temos o Mistério e a Magia Divina das Sete Irradiações Sagradas.

E porque as irradiações projetadas pelos elementos transportam energias elementais, temos aí o Mistério e a Magia Divina das Sete Energias Sagradas.

E porque uma oferenda é em si um ato mágico, aí temos a fundamentar tudo e todo o Mistério das Sete Magias Divinas e Sagradas.

Podemos parar por aqui, irmãos médiuns umbandistas?

Isso já basta para vocês respeitarem ainda mais o ato singelo de realizarem oferendas nos pontos de forças e poderes da natureza?

Saibam que poderíamos listar mais uma centena de mistérios envolvidos em uma simples oferenda umbandista!

Nas oferendas depositadas diretamente no solo, temos o Mistério e a Magia Divina dos Sete Solos Sagrados.

E as saudações feitas antes, durante e depois da realização de uma oferenda, que geram o Mistério e a Magia Divina das Sete Reverências Sagradas?

E as determinações dos trabalhos a serem realizados, que geram o Mistério e a Magia Divina das Sete Ordens Mágicas Sagradas?

E os passos ritualísticos dados para entrarem e saírem dos pontos de forças, que estão fundamentados no Mistério e na Magia Divina dos Sete Passos Sagrados?

E as saudações às forças da natureza feitas antes e depois de cada oferenda, que envolvem o Mistério e a Magia Divina das Sete Forças Sagradas?

E as saudações aos poderes assentados na natureza, que envolvem o Mistério e a Magia Divina dos Sete Poderes Sagrados?

E a saudação aos guardiões dos pontos de forças da natureza, que envolve o Mistério e a Magia Divina dos Sete Guardiões Sagrados da Criação?

E a saudação aos regentes dos pontos de forças da natureza, que envolve o Mistério e a Magia Divina dos Sete Regentes Sagrados da Criação?

Chega ou querem saber mais sobre os poderes, mistérios e magias envolvidos em uma singela oferenda mágico-religiosa feita por vocês, irmãos umbandistas?

Afinal, como vocês sabem, todo ponto de forças é o santuário natural de uma divindade de Deus e é nele que ela tem seu templo natural.

Logo, também são envolvidos os mistérios e as demais magias divinas:
- dos Sete Santuários Sagrados;
- dos Sete Altares Sagrados.

E se derramarem as bebidas em copos, aí temos o Mistério e a Magia Divina dos Sete Cálices Sagrados.

Mas se as deixarem nas garrafas, aí temos a Magia Divina dos Sete Vasilhames Sagrados.

Mas se as colocarem em vasos, aí temos o Mistério e a Magia Divina dos Sete Vasos Sagrados.

E como toda bebida é um líquido, aí temos o Mistério e a Magia Divina das Sete Águas Sagradas.

E como todas as frutas têm suas sementes, aí temos o Mistério e a Magia Divina das Sete Sementes Sagradas.

E como tudo tem cor, aí temos o Mistério e a Magia Divina das Sete Cores Sagradas.

E como as velas emitem luzes, aí temos o Mistério e a Magia Divina das Sete Luzes Sagradas.

E como as pembas são feitas de um "calcário", que é um mineral, aí temos o Mistério e a Magia Divina dos Sete Minerais Sagrados.

E como foram feitas de um calcário reduzido a pó, aí temos o Mistério e a Magia Divina dos Sete Pós Sagrados.

Mas como o pó foi compactado e ficou parecido com uma pedra, aí temos o Mistério e a Magia Divina das Sete Pedras Sagradas.

E como riscamos pontos com as pembas, aí temos o Mistério da Escrita Mágica Simbólica Sagrada.

E como cantamos os pontos de chamada, de saudação, de clamor, de agradecimentos e de despedida, das forças e dos poderes, aí temos o Mistério e a Magia Divina dos Sete Cantos Sagrados.

E como nos paramentamos para fazermos uma oferenda, aí temos o Mistério e a Magia Divina das Sete Vestes Sagradas.

E como nossa veste tem um pano de cabeça, aí temos o Mistério e a Magia Divina das Sete Coberturas Sagradas.

E como nossa veste tem uma faixa ou estola de pescoço, aí temos o Mistério das Sete Faixas Sagradas.

E como nos paramentamos com nossos colares, aí temos o Mistério e a Magia Divina dos Sete Adornos Mágico-Religiosos Sagrados.

E porque você distribuiu suas velas em círculo, então temos aí o Mistério e a Magia Divina dos Sete Círculos Sagrados.

Mas se você fez seu espaço mágico com as velas distribuídas em triângulo, aí temos o Mistério e a Magia Divina dos Sete Triângulos Sagrados.

E caso você o tenha feito com as velas distribuídas em cruz, aí temos o Mistério e a Magia Divina das Sete Cruzes Sagradas.

E se você distribuí-las em um quadrilátero, aí terá o Mistério e a Magia Divina dos Sete Quadrados Sagrados.

Mas se você as distribuiu formando um losango, aí você tem a Magia Divina dos Sete Losangos Sagrados.

E caso você as tenha distribuído em estrela, aí você tem o Mistério das Sete Estrelas Sagradas.

Chega ou devemos continuar a listar todos os Mistérios e Magias envolvidas direta e indiretamente em uma oferenda umbandista magística-religiosa?

Está bom por agora, não?

Afinal, caso você não sabia, o que é mais que certo, porque isso jamais foi revelado antes a ninguém em nenhum momento, época e religião, então fique sabendo que uma oferenda magística-religiosa envolve direta ou indiretamente todos os mistérios da criação.

Por isso, e muito mais, uma oferenda é uma ação magística de primeira grandeza e quem for fazer a sua deve estar consciente do seu ato, e que forças e poderes que lhe são desconhecidos serão ativados e entrarão em ação automaticamente.

Uma oferenda é muito mais que um ato magístico ou religioso. Ela é a criação no lado material da vida de um campo de trabalhos e é um portal multidimensional por meio do qual as forças e os poderes assentados na natureza podem atuar em nosso benefício de forma ordenada.

Comentemos um pouco sobre os mistérios ativados durante uma oferenda.

Observação:

Como os mistérios aqui citados foram abertos e revelados por meio de um médium Umbandista, então essa abertura e revelação pertencem à Umbanda e aos Umbandistas.

Portanto, como esse conhecimento não existia em qualquer outra religião, caso algum seguidor de alguma delas diga-lhe que já sabia da existência desses mistérios, desminta-o de pronto, porque usar os elementos aqui citados ou fazer oferendas na natureza, isto vem sendo feito há milênios.

Agora, a abertura dos mistérios, isto pertence à Umbanda porque foi um médium Umbandista que recebeu essa missão dos Sagrados Orixás.

Mistérios Ativados Pelas Oferendas

- Velas coloridas.
- Magia Divina das Sete Chamas Sagradas.

A Magia Divina das Sete Chamas Sagradas está fundamentada no elemento fogo e sua regência pertence a dois Orixás que aqui denominamos Orixás do fogo, não nomeados pela Teogonia Nagô porque, diferentes de Xangô, de Iansã, de Ogum e de Oroiná, esses regentes são, em si, o fogo e não têm feições humanas para serem descritas ou imaginadas.

Eles são o próprio fogo divino em seu duplo aspecto: masculino-feminino; ativo-passivo; positivo-negativo, etc.

Enquanto mistério, estão em toda a criação porque são manifestações do Divino Criador Olorum e, em cada um dos sete planos da vida, a energia viva e divina ígnea está ativa em uma vibração diferente.

Daí provém as sete chamas:

- Energia Ígnea Fatoral
- Energia Ígnea Essencial
- Energia Ígnea Elemental
- Energia Ígnea Dual
- Energia Ígnea Encantada
- Energia Ígnea Natural
- Energia Ígnea Celestial

Esse par de divindades do fogo são os mesmos nos sete planos da criação, estão nos sete ao mesmo tempo e a energia gerada e irradiada o tempo todo por eles assume uma cor em cada plano, gerando o Mistério das Sete Chamas Sagradas, vivas e divinas porque são, em si, a energia ígnea de Deus-Olorum mantenedora e energizadora da vida (dos seres e dos meios).

Os Orixás manifestadores e regentes do Mistério das Sete Chamas Sagradas, na Umbanda, são sincretizados com Xangô e Oroiná.

Já os Orixás Guardiões são todos os outros que se servem das energias ígneas para dinamizarem seus mistérios, fundamentados em outros elementos.

O Mistério das Sete Oferendas Sagradas

As oferendas rituais com finalidades religiosas ou magísticas são realizadas desde tempos imemoriais por toda a face da Terra e nenhum povo ou religião pode alegar que elas são de sua propriedade ou que foram criadas por seus fundadores.

Em povos isolados por acidentes geográficos ou por distâncias intransponíveis até a poucos séculos, mas que já existem há muitos milênios, foram constatados o uso de oferendas às forças e poderes da natureza sempre com os mesmos propósitos, que são os que descrevemos aqui:

Agradecimento; pedido de ajuda; limpeza, purificação, etc.

O hábito mágico religioso não foi criado por quaisquer das religiões existentes, mas é um conhecimento e uma prática universal adotada por todos os povos da Terra, desde tempos imemoriais.

Logo, não se justifica a alegação de alguns seguidores de cultos afro-brasileiros que dizem que as oferendas aos Orixás lhes pertencem e que nós, os umbandistas, os copiamos. Nós só nos servimos de algo universal!

Eles estão enganados, pois a realização de holocaustos ou imolações rituais estão muito bem descritas no Velho Testamento, escrito em um tempo em que os cultos africanos engatinhavam no coração da África.

O que hoje é feito no Brasil no campo das oferendas difere do que era feito na África de alguns séculos atrás, assim como o que os umbandistas fazem difere do que fazem os seguidores de outras religiões.

Agora, para Deus, para as divindades e para os poderes e as forças da natureza, que tanto entendem quanto falam todas as línguas, qual a diferença se uma pessoa dirigir-se a elas em yorubá ou em português?

Só a hipocrisia de alguns e o tradicionalismo ufanista de outros justificam tais afirmações, pois Deus, suas divindades, os poderes e as forças entendem todas as línguas e as aceitam como meio de comunicação entre os dois planos da vida.

Uma oração, uma invocação, um clamor, uma reza, uma ladainha, uma determinação mágica, etc. terão a mesma força e o mesmo poder de realização em qualquer língua, não se justificando o sentimento de superioridade vibrado por algumas pessoas que, além de falarem mal o português, falam pior ainda a língua estrangeira, que balbuciam inseguros e erroneamente, mas cujos erros não são identificados porque seus ouvintes nada entendem do que estão falando.

Assemelham-se aos padres que, antigamente, aqui no Brasil, rezavam suas missas em latim para uma assistência analfabeta ou semialfabetizada e que falava um português sofrido.

Só para uma elite o latim era compreensível, isso quando era falado corretamente, porque muitos também só o "arranhavam".

Agora, depois desse alerta e desse esclarecimento, vocês umbandistas ainda querem continuar imitando os praticantes de outros cultos afros durante suas oferendas rituais, cantando pontos que misturam a língua portuguesa e outras que desconhecem?

Sim, porque ou assumimos de vez a língua portuguesa como a língua umbandista ou vamos continuar como os papagaios, que mesmo sem saber o que falam, no entanto, vivem repetindo o que ouvem.

Uma religião tem que ter sua língua natalícia muito bem definida para que, a partir do que nela for criado, possa ser traduzido para outras línguas.

Não se justifica um umbandista misturar palavras de duas ou mais línguas em seus cantos litúrgicos ou em suas rezas, ou em seus clamores ou em suas saudações aos Orixás.

Ainda somos reféns de uma miscelânea que foi sendo construída pelo crescimento desordenado da Umbanda, pois ele fugiu ao controle dos seus fundadores.

E nada adianta alertarmos os que continuam recorrendo à miscelânea, pois, para eles, é justamente ela que lhe satisfaz o ego e a vaidade.

Saibam que, ao nos dirigirmos a Deus, a um Orixá, a um poder e a uma força da natureza, temos de ser claros, puros e compreensíveis em nossos cantos, em nossas rezas e orações, em nossos clamores e determinações mágicas, se quisermos ser atendidos.

Não será imitando os seguidores de outros cultos ou pronunciando de forma errada palavras, cujos significados desconhecemos, que vossas oferendas adquirirão maior poder de realização.

Umbandista brasileiro fala o português, reza em português e tanto saúda quanto clama em português.

Já que a Umbanda teve início no Brasil, pelo menos nisso os umbandistas deveriam ser originais, deixando de imitar os papagaios, que vivem repetindo palavras que pronunciam errado e não sabem o significado.

A razão desse alerta é por causa do universalismo do hábito das oferendas.

Todos os povos da Antiguidade, cuja história é conhecida, tinham suas religiões nacionais, seus ritos ofertatórios e os faziam em suas línguas nacionais, não recorrendo à miscelânea de palavras incompreensíveis e sem sentido, se pronunciadas de forma errônea ou fora do seu contexto.

Oferendas para os sagrados Orixás, para as forças e poderes da natureza, ao se dirigirem a eles, façam-no em bom e claro português que, aí sim, serão atendidos, pois há um mistério intuído a todos os povos da Terra e que se chama Mistério das Sete Oferendas Sagradas.

O Mistério das Oferendas Sagradas

A realização de oferendas é um hábito universal e existe desde sempre, sendo que seu início não pertence a este ou àquele povo ou religião.

Por intuição e inspiração, pessoas começaram a oferendar forças e poderes superiores, pedindo-lhes em troca que as auxiliassem de alguma forma.

Com o passar do tempo, cada povo e religião desenvolveram e aperfeiçoaram as suas, codificaram-nas e tornou-as rituais coletivos realizados em locais, dias e horas específicos porque, aí sim, todos obteriam um retorno.

O uso de oferendas tornou-se tão popular que, com o passar do tempo, seus fundamentos originais se perderam e muitos ritos de oferendas viraram festas populares com simbolismo religioso.

O Natal cristão ou a data natalícia de uma pessoa é o dia de se presentear e o comércio em torno desse evento desenvolveu-se de tal forma que o hábito outrora fundamentado tornou-se uma forma de agradar-se alguém ou de retribuir-lhe algum favor ou gentileza.

Oferecer um presente, um jantar ou uma festa repleta de guloseimas é um procedimento social.

Em relação às forças da natureza e aos poderes divinos, tornou-se procedimento corriqueiro para a obtenção de auxílio e para a consagração de um protetor qualquer contra forças negativas que interferem na vida das pessoas, atrapalhando-as e causando-lhes grandes prejuízos ou malefícios.

As oferendas consagratórias tornaram-se fórmulas a serem recitadas repetitivamente por todos, facilitando a obtenção da proteção necessária ou desejada.

A ninguém ocorre, hoje em dia, que por trás do presente dado há toda uma magia, ocultada pelo tempo e pela massificação dos rituais outrora realizados.

A presença, verdadeira ou falsa, dos três reis magos no nascimento mítico de Jesus Cristo, presenteando-o, é um resquício do Mistério das Sete Oferendas Sagradas.

O próprio nome "reis magos" já nos dá uma ideia da associação do ato de presentear com a magia.

O que se sabia sobre esse mistério naquela época, não sabemos. Mas a presença dos reis magos no nascimento do menino Jesus fala por si só, pois mais adiante o homem Jesus se mostraria um Mago capaz de realizar coisas impressionantes.

É claro que não interessava a uma hierarquia religiosa as magias praticadas pelo fundador do Cristianismo porque magia é algo que foge ao controle de alguém assim que é transmitida para muitas pessoas, porque, daí em diante, cada um dos que se iniciaram lhe dão seus rumos pessoais.

Então, os sucessores de Jesus optaram por "cristianizar" e ritualizar o Mistério das Sete Oferendas Sagradas por meio da "Santa Ceia", do Natal, da Páscoa, etc., adaptando ritos já praticados por outras religiões mais antigas para, daí em diante, começarem a chamar de "paganismo" o hábito dos seguidores delas irem até a natureza e ofertarem as suas divindades.

Enfim, são procedimentos universais adotados por todas as religiões, mas que cada uma adaptou ao seu entendimento de como deve oferendar forças e os poderes.

Agora, se há um Mistério das Sete Oferendas Sagradas, qual é o seu fundamento? Vamos a ele?

O Fundamento das Oferendas

A revelação dos fundamentos existentes por trás dos mistérios atende a uma necessidade de justificarmos de forma correta os procedimentos e está autorizada pelos mensageiros divinos responsáveis pela abertura do conhecimento superior sobre as divindades.

Com isso esclarecido, agora sim, podemos revelar o fundamento que justifica o hábito de se ofertar às forças e os poderes espirituais, naturais e divinos, que vêm desde o início dos tempos.

Os mensageiros divinos nos revelaram que não existe uma divindade mais velha ou mais nova que as outras na criação porque o Divino Criador Olorum as tinha em si desde o início dos tempos e que, sempre que é necessário expandir sua criação exterior. Ele manifesta e exterioriza um ser-mistério (uma divindade) responsável pela nova expansão.

Tudo o que existe no mundo manifestado já preexistia Nele e, com isso entendido, então todas as divindades têm a mesma idade em Olorum e o que as diferenciam são seus campos de ação na criação exterior.

Bom, também nos revelam os mensageiros divinos que sempre que uma divindade é exteriorizada, ela traz em si uma função divina ainda não existente, função essa que possibilitará a expansão da criação, abrindo novas realidades para todas as divindades já exteriorizadas.

A "nova" divindade exteriorizada, por trazer e ser em si essa nova e indispensável função, também abre uma realidade (um universo ou uma dimensão da vida) só sua.

Assim que a nova divindade-mistério abre sua realidade, seu mistério pessoal irradia-se para toda ela, ocupando-a de tal forma que quem entrar em seu domínio na criação será possuído por ele e passará a manifestá-lo, quer queira, quer não queira.

Então, para que todos possam servir-se do novo mistério sem ser obrigado a ser possuído ou possuí-lo, sua divindade regente abre em seus domínios seu santuário natural, que é neutro e preserva a integridade de quem entrar nele.

Como o santuário é neutro e é um mistério em si, então os seres podem entrar nele e, a partir dele, podem clamar pelo auxílio da nova divindade sem que tenham de abrir mão de suas individualidades e venham a assumir a da nova divindade.

Mas porque o santuário é neutro, não há como receber a irradiação realizadora da nova divindade.

Então, todos devem abrir um portal ou uma passagem parcial (um vórtice) para a realidade.

Esses portais ou passagens são limitados e criam o que denominamos por espaços mágicos.

Os portais devem ser delimitados para que não interfiram nas atividades naturais do santuário e podemos recorrer a qualquer elemento da natureza para criá-los.

Velas, pembas, carvão, líquidos, pedras, folhas, panos, fitas, cipós, etc. servem para delimitá-los e criá-los, tornando o espaço compreendido pelos seus limites uma passagem de mão dupla, enviando-nos o que só existe na dimensão da divindade e recolhendo para dentro dela o que está nos incomodando.

Não há elemento que não possa ser usado como delimitador. Só temos de ter o cuidado de colocá-lo de forma que crie uma figura geométrica (círculo, cruz, pentágono, hexágono, raios, quadrado, octógono, losango, etc.).

Cada uma dessas figuras é um símbolo e tem o poder de comunicação com os três lados da criação (espiritual, natural e divino).

Todos os símbolos têm esse poder de comunicação e, se cada um forma um mistério em si, também pertencem a um mistério maior denominado Mistério dos Sete Símbolos Sagrados.

Existem esses mistérios menores:

- Mistério dos Sete Triângulos
- Mistério dos Sete Losangos
- Mistério das Sete Cruzes
- Mistério dos Sete Quadrados
- Mistério dos Sete Pentágonos
- Mistério dos Sete Hexágonos
- Mistério dos Sete Heptágonos
- Mistério dos Sete Octógonos
- Mistério dos Sete Eneágonos, etc.

O "sete" refere-se aos quatro elementos puros (fogo, ar, terra, água) e aos seus três derivados (mineral, cristal e vegetal).

Portanto, um triângulo ígneo (de fogo) pode ser formado colocando-se três velas acesas na forma triangular.

Um triângulo aquático (de água) pode ser formado colocando-se três copos com algum líquido distribuídos na forma triangular.

Um triângulo vegetal pode ser formado colocando-se três partes de vegetais distribuídas na forma triangular.

Um triângulo mineral pode ser formado colocando-se três pedaços de minérios na forma triangular.

Um triângulo cristalino pode ser formado colocando-se três cristais de rochas na forma triangular.

Um triângulo eólico pode ser formado riscando-se um triângulo com pemba.

Um triângulo telúrico (de terra) pode ser formado sulcando a terra na forma triangular ou colocando-se três pequenos alguidares cheios de terra.

A mesma regra se aplica à formação de outras figuras geométricas-portais, pois basta distribuir os mesmos elementos nos seus vértices ou polos cardeais mágicos.

Desde que uma figura geométrica seja formada dentro do santuário natural de uma divindade, um portal ou passagem se abre criando dentro dos seus limites um espaço mágico e um meio de comunicação com os três lados da criação (os lados espiritual, natural e divino).

Natureza, espiritualidade e divindades interagem entre si por intermédio dos portais mágicos e devemos depositar dentro deles elementos retirados ou colhidos na natureza ou manufaturados, etc.

Alimentos, bebidas, manufaturados, frutas, flores, sementes, etc. podem ser colocados dentro do espaço mágico ou espaço de trabalhos mágicos que, assim que forem colocados, têm seus três lados ativados.

Sim, tudo na criação possui três lados: um lado natural, um lado espiritual e um lado divino.

Alguém pode dizer isto: "Um tecido não tem espírito, pois é uma matéria inerte".

Nós lhe respondemos que, enquanto tecido, isto é verdade. Mas enquanto energia em "estado de repouso", está aberta para os três lados da criação e assim que é colocado dentro de um espaço mágico, irradia-se ou "abre-se" para os três lados ao mesmo tempo começando a trabalhar em benefício do construtor do portal.

"Saibam que não somos só nós que estamos ligados ou abertos para os três lados da criação."

Como Fazer uma Oferenda

Você já sabe que, para fazer uma oferenda de forma correta, deve delimitar o espaço mágico com algum dos sete elementos.

Também já sabe que tudo o que colocar dentro do espaço mágico adquire o poder de irradiar e absorver energias, tornando-se mágico.

Então, você só precisa escolher o espaço mágico e os elementos mais adequados para as forças e os poderes que serão ofertados possam auxiliá-lo.

Tendo reunido tudo o que precisa, você deve firmar em sua casa ou em seu centro alguma(s) força(s) e poder(es) para que o protejam e impeçam que as forças e os poderes ativados de forma negativa interfiram e impeçam que faça sua oferenda.

Saibam que as forças e os poderes ativados negativamente contra você ou contra alguém que você quer ajudar tudo farão para impedi-lo de fazer sua oferenda, pois sabem que, após a fazê-la, eles serão desativados e recolhidos.

Firme seu anjo de guarda, seu guia espiritual chefe, seu Exu guardião e seu Orixá ofertando-lhes uma vela da cor de cada um deles e peça-lhes que o guardem e o protejam até que volte a sua casa. Firmar forças e poderes protetores já é um ato mágico!

Após isso feito, dirija-se ao ponto de forças escolhido e, ao chegar nele, antes de fazer qualquer coisa, ajoelhe-se e peça licença para entrar e ali fazer sua oferenda, seja ela de que natureza for (descarrego, propiciatória, etc.).

Como já é de conhecimento geral, antes de fazer uma oferenda devemos saudar e ofertar simbolicamente os Guardiões da esquerda do ponto de forças (Exu, Pombagira e Exu Mirim), pedindo-lhes licença para entrar nele e ali trabalharmos.

Uma oferenda simbólica constitui-se de algo simples e pode ser feita com velas, moedas e bebidas.

O ideal é acender uma vela na cor do Guardião(ã), colocar sete moedas em círculo ao seu redor para só então abrir a garrafa de bebida e derramar um pouco em círculo à esquerda e à direita ao redor do círculo de moedas.

Ao ofertar simbolicamente o Exu ou a Pombagira ou o Exu Mirim guardião do ponto de forças, você adquire o direito de entrar nele e ali trabalhar sem ser incomodado espiritualmente.

É claro que, junto com a oferenda simbólica, devemos pedir-lhes força e proteção, e que retenham ali todas as cargas negativas que estejam nos acompanhando ou atuando contra nós, pois a partir desse pedido esses guardiões à esquerda já começam a atuar em nosso benefício.

Tudo é uma questão de saber como proceder, certo?

Após ofertar corretamente os Guardiões à esquerda dos pontos de forças, também devemos ofertar os Guardiões à direita e pedir-lhes força e proteção.

Na Umbanda, à esquerda estão os Exus, as Pombagiras e os Exus Mirins, certo?

E à direita, a quem ofertamos simbolicamente?

Ora, ofertamos Caboclos, Caboclas, Crianças, certo?

É isso mesmo, meus irmãos!

Umbanda tem fundamentos, só é preciso conhecê-los para que tudo se realize. Provavelmente você não sabia disso também, não é mesmo?

Pense conosco:

Há um Exu Sete Pedreiras; uma Pombagira Sete Pedreiras; um Exu Mirim Sete Pedreiras; um Caboclo Sete Pedreiras; uma Cabocla Sete Pedreiras; uma Criança Sete Pedreiras.

Cada um desses espíritos se correspondem com os Orixás regentes e os Orixás Guardiões do Mistério das Sete Pedreiras, mistério esse que está presente e ativo na fundamentação divina da Umbanda.

Também há um Ogum Sete Pedreiras; uma Iansã Sete Pedreiras; um Xangô Sete Pedreiras; uma Oroiná Sete Pedreiras; há um Oxalá Sete Pedreiras; um Exu Natural Sete Pedreiras; uma Pombagira Natural Sete Pedreiras; há um Exu Mirim Natural Sete Pedreiras; toda uma gama de Seres Naturais Sete Pedreiras, etc.

Mas o mesmo acontece com todos os outros Mistérios da Umbanda, ainda que isso não esteja visível e seja desconhecido da maioria dos seus seguidores.

O fato é o seguinte: se os procedimentos forem corretos não há como não ser beneficiado ao fazer uma oferenda na natureza!

No livro de nossa autoria *Formulário de Consagrações Umbandistas*, da Madras Editora, ensinamos várias formas de se entrar na natureza e em seus pontos de forças e, ainda que não as sigam ao pé da letra, no entanto é bom que tomem conhecimento delas e de algumas regras de ouro no trato com a natureza.

Após uma entrada correta, bastará fazer a oferenda dentro do perímetro do ponto de forças e ali, de joelhos, determinar detalhada e objetivamente o que deseja do poder e da força invocados.

Com certeza, cada um sabe o que precisa, mas nada custa acrescentar um pedido especial, que é o de solicitar que o poder e as forças invocadas e ofertadas passem a atuar de forma permanente e positiva em benefício da sua evolução material e espiritual, segundo seu merecimento e suas necessidades.

A partir dessa solicitação, tanto o poder quanto as forças do ponto de forças naturais e de poderes divinos poderão intervir em seu auxílio porque você lhe abriu um meio para tanto.

É preciso que todos os umbandistas saibam que ir à natureza e fazer uma oferenda é mais que um simples ato mágico. É preciso que todos tenham em mente que é um ato mágico-religioso e é um ato de fé umbandista que, quando se entra de forma correta, a pessoa está dentro do santuário natural da sua divindade regente e dentro do campo das forças e dos poderes da natureza, cujas possibilidades de auxílio são vastas e ilimitadas, bastando-nos saber nos comportarmos e nos beneficiarmos de tudo o que Deus colocou à nossa disposição por meio da natureza.

As Oferendas aos Orixás

Como já vimos, as oferendas umbandistas foram padronizadas no decorrer do tempo e hoje há um conhecimento prático básico sobre elas, visto que a variação acontece por causa dos elementos necessários para que os Orixás e os guias espirituais possam trabalhar em nosso benefício.

Cada Orixá tem sua oferenda básica e geral, independentemente do campo de atuação do Orixá individual do médium.

Peguemos Ogum como exemplo:

– Há o Orixá Ogum, sem um sobrenome, que é em si o regente universal da Lei Maior e seu poder está à disposição de todos o tempo todo.

Sua oferenda na natureza é simples e fácil de ser feita. Ela consiste nos seguintes elementos:

- <u>Um pedaço de tecido branco</u> ou vermelho, que deve ser estendido sobre o solo onde for ofertado. Sua medida é de 50 x 50 cm. (Mistério dos Sete Mantos sagrados).
- <u>Sete velas brancas</u> e sete velas vermelhas acesas intercaladas ou amarradas aos pares (1 branca e 1 vermelha), com fitas brancas ou vermelhas, firmadas em círculo ao redor do pedaço de tecido (Mistério das sete Chamas Sagradas).
- <u>Cerveja branca</u> em copos distribuídos em círculo sobre o tecido (Mistério das Sete Águas Sagradas, dos Sete Néctares Sagrados, das Sete Ervas Sagradas, dos Sete Cálices Sagrados, dos Sete Círculos Sagrados, etc).

- Frutas variadas (uvas, mangas, ameixas pretas, mamões, laranjas), acondicionadas diretamente sobre o tecido ou em uma bandeja ou cestinho (Mistério das Sete Frutas Sagradas, das Sete Ervas Sagradas, das Sete Sementes Sagradas).
- Um, três, cinco ou sete charutos acesos e colocados em círculo entre as velas (Mistério das Sete Ervas, das Sete Folhas Sagradas, dos Sete Elementos Sagrados, das Sete Defumações Sagradas).
- Cravos vermelhos, em maço ou colocados em círculo (Mistérios das Sete Flores Sagradas)
- Fitas, linhas, faixas, raízes, folhas, sementes, ferraduras, miniaturas de ferramentas, etc. são elementos simbolizadores de outros mistérios que, se adicionados à oferenda básica e colocados sobre o tecido, gerarão outras ações mágicas em campos não alcançados só por ela, que é básica e específica do Orixá Ogum.

Eis aí a oferenda básica e geral do Orixá Ogum na Umbanda. Qualquer outro elemento que for acrescentado, aí já é adicionamento para que outros mistérios sejam acionados por ele em benefício do ofertante.

E quanto aos Orixás naturais Oguns, tais como: Ogum Yara, Ogum Megê, Ogum Rompe-matas, Ogum Naruê, Ogum de Ronda, Ogum Matinata, Ogum Sete Pedreiras, Ogum Sete Cachoeiras, Ogum Beira-mar, Ogum Sete Ondas, Ogum Marinho, etc., como são suas oferendas?

Elas são exatamente iguais à do Orixá Ogum Maior, planetário e multidimensional.

Não há uma oferenda diferente para cada um desses Orixás Oguns da Umbanda, pois foi nela que se apresentaram e se tornaram conhecidos, amados e cultuados religiosamente.

Ou vocês achavam que antes do advento da Umbanda esses Oguns eram conhecidos e cultuados? Se achavam, estavam enganados!

Ogum, no culto tradicional de nação, é interpretado e descrito segundo um outro entendimento. Lá, ele é metalúrgico, o ferramenteiro, o armeiro, o agricultor, o guerreiro "irmão" de Exu, etc., enquanto na Umbanda é o cortador de demandas; é o abridor de caminhos; é o protetor dos mais fracos, dos indefesos e dos oprimidos, que tem toda uma legião de Oguns naturais a auxiliá-lo na manutenção da lei e da ordem e no combate às forças negativas do baixo astral.

Todos os Orixás, na Umbanda, receberam uma nova feição e passaram por um processo interpretativo adaptado à nossa sociedade e nossa "cultura" religiosa, que é diferente da que existia na região da atual Nigéria.

Esta adaptação dos Orixás tem de ser entendida, senão os umbandistas sempre ficarão na retranca ou na defensiva quando questionados por seguidores dos cultos tradicionais dedicados a eles.

É importantíssimo que todos entendam que as formas de cultuá-los na Umbanda e de ofertá-los são tão certas e tão válidas quanto as dos cultos tradicionais trazidos da África.

As divindades Orixás são em si mistérios e adaptam-se a múltiplas interpretações, desde que suas essências sejam preservadas.

Na Umbanda, nenhum Orixá é oferendado, firmado ou assentado com sacrifícios de aves e animais. Nada recebem em suas oferendas de origem animal e se eventualmente uma ave tiver que ser usada para descarregar alguma imantação negativa de uma pessoa magiada, ela deve ser solta após ser passada do corpo do enfermo para o dela, que a descarregará na terra assim que for solta.

Por isso, se alguém lhes disser que tal Orixá está precisando ou pedindo um sacrifício, com certeza não é um seguidor da Umbanda, e sim, esse alguém segue algum culto tradicional de nação e está usando conhecimento adquirido no seu culto tradicional. Nele, tem seu fundamento e sua validade.

Não que os sacrifícios não tenham seus fundamentos, mas não é prática dedicá-los aos Orixás e, salvo raras exceções, nem para Exu se sacrifica na Umbanda.

O Orixá Exu é um caso à parte e tem de ser entendido em sua natureza e suas funções na criação, senão até essa eventual necessidade será mal compreendida. Exu rege sobre as espécies "irracionais" ou "inferiores".

E assim como Ossain distribuiu as folhas entre os Orixás, Exu distribuiu os animais vertebrados e invertebrados entre eles.

As exceções são os peixes, as aves, os insetos e mais algumas espécies, cujas regências não foram reveladas ao plano material ou, se foram, foram revelações parciais, pois Oxum rege sobre os peixes de água doce e Iemanjá rege sobre os de água salgada.

Na Umbanda oferta-se peixes a Iemanjá e a Oxum, desde que sejam adquiridos no comércio e nunca o médium deve pescá-los e sacrificá-los, pois isso é inaceitável aos olhos dos Orixás.

O mesmo se aplica à colocação de um prato de "feijoada" para Ogum dentro de uma oferenda a ele.

Todos os ingredientes animais já haviam passado pelo processo de decantação (curtição) da energia animal que os impregnava quando da matança dos animais em matadouros frigoríficos, e só lhes restaram a matéria orgânica animal.

Sem a energia do animal, que é decantada no processo de curtição ou de congelamento, é permitido o uso de alguma parte de aves, peixes ou de animais, pois, aí sim, são só matérias de origem animal, livres de energias vitais.

E, mesmo assim, só em casos raros se coloca um prato de feijoada nas oferendas a Ogum, pois por seu intermédio são anuladas magias negativas feitas com "comidas para Eguns e para espécies inferiores", magias estas que, felizmente, não são do conhecimento e muito menos de responsabilidade da Umbanda.

No entanto, os guias espirituais às vezes precisam cortá-las, senão as pessoas vítimas delas podem vir a sofrer danos graves em sua saúde.

Aí está o fundamento, o porquê de terem de "dar" alguma "comida" específica em uma oferenda. Mas só se dá o que se come em casa e no dia a dia.

Portanto, não há nada de errado porque a razão de ter de colocar um prato com alguma comida "caseira" se justifica na cura de doenças intratáveis pela medicina tradicional, causadas por eguns e por algumas forças negativas da natureza.

Por meio da comida devidamente preparada, há uma transferência do problema da pessoa para ela, que posteriormente será descarregada na terra ou na água e anulada.

Observem que mesmo os Exus da Umbanda só pedem em suas oferendas partes de "aves e de animais" adquiridos do comércios regular, porque já foram resfriados e tiveram decantadas suas energias vitais (vivas), só lhes restando proteínas, lipídios, etc., que são matéria.

Os elementos animais "materiais" são poderosos atratores de imantações negativas originárias de magias terríveis feitas com sacrifícios de espécies inferiores (répteis, batráquios, aves, animais, etc.).

Isso que revelamos também fundamenta e justifica o uso de partes de "animais" nas oferendas aos Exus, responsáveis pelo auxílio às pessoas "demandadas".

Se há quem faz o mal, tem de haver quem o desfaça, senão o sofrimento das pessoas vítimas deles não cessará.

Uma das funções da Umbanda, e que se mostrou poderosa e eficiente desde seu início, foi a de desmanchar os "malfeitos" no campo da magia por meio de oferendas feitas na natureza.

Se houve alguns excessos, eles não diminuíram os méritos dos que fazem o bem aos seus semelhante utilizando o recurso legítimo das oferendas.

Oferendas Básicas Umbandistas

Como comentamos no capítulo anterior, usando a oferenda básica ao Orixá Ogum, e que ela se estende a todos os Orixás Oguns, o mesmo acontece com todos os outros Orixás.

Uma mesma oferenda para o Orixá maior Ogum; a mesma para todos os Orixás naturais Oguns; a mesma para todos os Caboclos de Ogum.

Essas padronização visou facilitar o ritual das oferendas, pois o número de Orixás é grande e muito maior é o número de seres divinos, de seres naturais e de seres espirituais membros de suas hierarquias.

Na verdade, como os elementos adicionais variam em função dos trabalhos a serem realizados e da simbolização dos mistérios a serem ativados para realizá-los, tudo se simplifica e só são necessárias 18 oferendas básicas para os Orixás cultuados na Umbanda, que são esses:

- Orixá Oxalá
- Orixá Oxumaré
- Orixá Oxóssi
- Orixá Xangô
- Orixá Ogum
- Orixá Obaluaiê
- Orixá Omolu

- Orixá Exu
- Orixá Exu Mirim
- Orixá Logunan
- Orixá Oxum
- Orixá Obá
- Orixá Oroiná
- Orixá Iansã
- Orixá Nanã
- Orixá Iemanjá
- Orixá Pombagira
- Orixá Pombagira Mirim

Além dessas 18 oferendas, ainda temos as de algumas linhas de trabalhos espirituais, que são essas:

- Linha dos Caboclos(as)
- Linha dos Baianos
- Linha dos Boiadeiros
- Linha dos Marinheiros
- Linha dos Ciganos
- Linha dos Pretos-Velhos
- Linha dos Crianças, etc.

Essas linhas criadas pela espiritualidade recebem em suas oferendas "comidas" típicas dos seus identificadores humanos, pois os Caboclos seguem a hierarquia e o que é dado na oferenda do Orixá é dado na deles. E o mesmo acontece com as "sereias" ou Caboclas do Mar, com todas as Caboclas.

Vamos dar agora as oferendas básicas dos 18 Orixás e das suas linhas de trabalhos naturais e espirituais.

Oferenda ao Orixá Oxalá

- Toalha ou pano de cor branca
- Velas branca
- Frutas branca (melão, goiaba, etc.)
- Vinho branco doce ou suave
- Flores branca (todas)
- Fitas brancas
- Linhas brancas
- Comidas brancas (canjica, arroz doce, coalhada adocicada, etc.)

- Pães
- Mel
- Farinha de trigo (para circular e fechar por fora as oferendas)
- Coco seco e sua água colocada em copos
- Coco verde com uma tampa cortada e um pouco de mel derramado dentro da sua água
- Água, em cálices ou copos
- Pedras de cristais de quartzo branco (se for solicitado)
- Pembas brancas (em pedra ou em pó)
- Milho verde em espiga, cru e ainda leitoso

Oferenda ao Orixá Oxumaré

- Toalha ou pano de cor azul-celeste
- Velas branca e azul-celeste
- Fitas branca e fitas azul-celeste (ou todas as cores)
- Linhas branca e linhas azul-celeste
- Frutas sementeiras (melão, maracujá, mamão, pinha, etc.)
- Água em copos
- Vinho branco seco
- Água adocicada com açúcar ou mel
- Flores coloridas
- Coco verde
- Licor ou suco de maracujá
- Farinha de arroz (para circular e fechar a oferenda)
- Sementes de feijão branco pré-cozidas e misturadas ao mel de abelhas
- Açúcar, colocado em um prato branco e regado com mel de abelhas
- Pembas coloridas

Oferenda para o Orixá Oxóssi

- Toalha ou pano verde
- Velas branca e verde
- Fitas branca e verde
- Linhas branca e verde
- Frutas de qualquer espécie

- Comidas (moranga cozida, milho verde em espiga e cozido, maçã cozida e regadas com mel ou açucarada, doces cristalizados)
- Vinho tinto
- Cerveja branca
- Sucos de frutas
- Pembas brancas e verdes
- Fubá (para circular e fechar a oferenda)

Oferenda para o Orixá Xangô

- Toalha ou pano marrom
- Velas branca e marrom
- Fitas branca e marrom
- Linhas branca e marrom
- Frutas (abacaxi, melão, manga, melancia, figo, caqui, laranja, goiaba vermelha)
- Vinho tinto seco
- Cerveja preta
- Comidas (quiabos picados em rodelas e levemente cozido, rabada cozida com cebolas cortadas em rodelas)
- Pembas branca, marrom e vermelha
- Licor de chocolate

Oferenda ao Orixá Ogum

- Toalha ou pano vermelho
- Velas branca e vermelha
- Fitas branca e vermelha
- Linhas branca e vermelha
- Cordões branco e vermelho
- Flores (cravo e palmas vermelhas)
- Frutas (melancia, laranja, pera, goiaba vermelha, ameixa preta, abacaxi, uvas)
- Licor de gengibre
- Cerveja branca
- Pembas branca e vermelha
- Comida (feijoada)

Oferenda para o Orixá Obaluaiê

- Toalha ou pano branco
- Velas branca
- Fitas branca
- Linhas branca
- Flores (crisântemos brancos, quaresmeira)
- Frutas (pinha, caqui, coco seco)
- Comidas (pipoca estalada, batata-doce roxa cozida e regada com mel de abelha, beterraba cozida e regada com mel, mandioca cortada em "toletes" cozida e açucarada)
- Bebida (vinho branco licoroso, água em copos, licor de ambrósia)
- Pembas brancas

Oferenda para o Orixá Omolu

- Toalhas ou panos branco e preto sobrepostos formando oito pontas ou bicos
- Velas branca, preta e vermelha
- Fitas branca, preta e vermelha
- Linhas branca, preta e vermelha
- Pembas branca, preta e vermelha
- Flores (crisântemos, flores do campo, rosas branca)
- Frutas (maracujá, ameixa preta, ingá, figo)
- Comidas (pipocas estaladas e regadas com mel, coco seco fatiado e regado com mel, batata-doce roxa cozida e regada com mel, bistecas ou fatias de carne de porco regadas com azeite de dendê)
- Bebidas (água em copos, vinho branco licoroso, licor de hortelã)

Oferenda para o Orixá Logunan

- Toalha ou pano branco
- Velas branca e azul-escuro
- Fitas branca e azul-escuro
- Linhas branca e azul-escuro
- Pembas branca e azul
- Copo ou quartinha com água

- Licor de anis
- Frutas (laranja, uva, caqui, amora, figo, romã, maracujá azedo)
- Flores do campo, palmas brancas, lírios brancos

Oferenda para o Orixá Oxum

- Toalhas ou pano, dourado, azul e rosa
- Velas rosa, amarela e azul
- Fitas rosa, amarela e azul
- Linhas rosa, amarela e azul
- Pembas rosa, amarela e azul
- Flores: rosas, brancas, amarelas e vermelhas
- Frutas (cereja, maçã, pera, melancia, goiaba, framboesa, figo, pêssego, etc.)
- Bebidas (champanhe de maçã, de uva e licor de cereja)

Oferenda para o Orixá Obá

- Toalha ou pano vermelho ou magenta
- Velas vermelha ou magenta
- Fitas vermelha ou magenta
- Linhas vermelha ou magenta
- Pembas vermelha
- Frutas (todas)
- Bebidas (licor)
- Flores (do campo, jasmim, rosas vermelhas)

Oferenda para o Orixá Oroiná

- Toalha ou pano de cor laranja
- Velas laranja e vermelha
- Fitas laranja
- Linhas laranja
- Pembas vermelha
- Frutas (laranja, abacaxi, pitanga, caqui)
- Bebidas (licor de menta, champanhe de sidra)
- Flores (palmas vermelhas)

Oferenda para o Orixá Iansã

- Toalha ou pano branco e amarelo
- Velas branca e amarela
- Fitas amarela
- Linhas amarela
- Pembas amarela
- Frutas (laranja, abacaxi, pitanga, uva, morango, ambrósia, melancia, melão amarelo, pêssego e goiaba vermelha)
- Bebidas (champanhe de uva ou de sidra)
- Flores amarela
- Comida (acarajé, abacaxi em calda, arroz-doce com bastante canela em pó por cima)

Oferenda para o Orixá Nanã Buruquê

- Toalhas ou panos lilás ou florido
- Velas lilás
- Fitas lilás
- Linhas lilás
- Pemba lilás
- Flores (do campo, lírios, crisântemos)
- Frutas (uva, melão, manga, mamão, maracujá doce, framboesa, amora, figo)
- Bebidas (champanhe rosé, vinho tinto suave, licor de amora, licor de framboesa, licor de morango)

Oferenda para o Orixá Iemanjá

- Toalhas branca ou azul-claro
- Velas branca ou azul-claro
- Fitas branca ou azul-claro
- Linhas branca ou azul-claro
- Pemba azul-claro
- Flores (rosas branca, palmas branca, lírio branco)
- Frutas (melão em fatias, cerejas, laranja lima, goiaba branca, framboesa)
- Bebidas (champanhe de uva e licor de ambrósia)
- Comidas (manjares, peixes assados, arroz-doce com bastante canela em pó)

Oferenda para o Orixá Exu

- Toalhas ou panos preto e vermelho
- Velas preta e vermelha
- Fitas preta e vermelha
- Linhas preta e vermelha
- Pemba preta e vermelha
- Flores (cravos vermelho)
- Frutas (manga, mamão, limão)
- Bebidas (aguardente de cana-de-açúcar, whisky, conhaque)
- Comidas (farofa com carne bovina ou com miúdos de frango, bifes de carne ou de fígado bovino fritos em azeite de dendê e com cebolas, bifes de carne ou de fígado bovino temperado com azeite de dendê e pimenta ardida)

Oferenda aos Pretos–Velhos

- Toalha ou pano branco
- Velas brancas
- Fitas brancas
- Linhas brancas
- Pembas brancas
- Frutas (de todas as espécies)
- Bebidas (café, vinho doce, cerveja preta, água de coco, vinho branco licoroso)
- Flores (crisântemos branco, margaridas, lírios branco)
- Comidas (arroz-doce, canjica, bolo de fubá de milho, milho cozido, doce de coco, doce de abóbora, doce de cidra, coco fatiado, quindim)

Oferenda aos Baianos

- Toalha ou pano branco (ou amarelo)
- Velas branca e amarela
- Fitas branca e amarela
- Linha branca e amarela
- Pemba branca e amarela
- Frutas (coco, caqui, abacaxi, uva, pera, laranja, manga, mamão)
- Bebidas (batida de coco, de amendoim, pinga misturada com água de coco)

- Flores (flor-do-campo, cravo, palmas)
- Comidas (acarajé, bolo de milho, farofa, carne seca cozida e com cebola fatiada, quindim)

Oferenda aos Boiadeiros
- Toalha ou um pano (branco, vermelho, amarelo, azul-escuro, marrom)
- Velas (branca, vermelha, amarela, azul-escuro, marrom)
- Fitas (branca, vermelha, amarela, azul-escuro, marrom)
- Linhas (branca, vermelha, amarela, azul-escuro, marrom)
- Pembas (branca, vermelha, amarela, azul-escuro, marrom)
- Frutas (todas)
- Bebidas (vinho seco, aguardente, batidas, conhaque, licores)
- Flores (do campo, palmas, cravos)
- Comidas (feijoada, charque bem cozido, bolos)

Oferenda aos Marinheiros
- Toalha ou pano branco
- Velas branca e azul-claro
- Fitas branca e azul-claro
- Linhas branca e azul-claro
- Pembas branca e azul-claro
- Flores (cravos branco, palmas brancas)
- Frutas (várias)
- Comidas (peixes assados, peixes fritos, peixes cozidos, camarões, farofa com carne)
- Bebidas (rum, aguardente)

Oferenda para os Erés
- Velas (branca, cor-de-rosa, azul-claro)
- Toalhas ou panos cor-de-rosa ou azul-claro
- Fitas (cor-de-rosa, azul-claro, branco, amarela, lilás)
- Linhas (todas as cores, com exceção da preta)
- Flores (todas)
- Frutas (uva, pêssego, pera, goiaba, maçã, morango, cerejas, ameixa)

- Comidas (doces de frutas, arroz-doce, cocadas, balas, bolos açucarado, quindins)
- Bebidas (refrigerantes, água de coco, suco de frutas)

Oferenda para os Exus Mirins

- Toalhas ou panos preto e vermelho
- Velas (bicolores preta e vermelha)
- Fitas (preta e vermelha)
- Linhas (preta e vermelha)
- Pembas (preta e vermelha)
- Flores (cravos)
- Frutas (manga, limão, laranja, pera, mamão)
- Bebidas (licores, cinzano, pinga com mel)
- Comidas (fígado bovino picado e frito em azeite de dendê, farofas apimentadas)

Oferenda para Pombagira

- Toalha ou pano vermelho
- Velas vermelhas
- Fitas vermelhas
- Linhas vermelhas
- Pemba vermelha
- Flores (rosas vermelha)
- Frutas (maçãs, morangos, uvas rosadas, caqui)
- Bebida (champanhe de maçã, de uva, de sidra, licores)

Oferendas para os Caboclos(as)

As oferendas para os Caboclos e as Caboclas são iguais às dos Orixás que os regem.

No geral, são iguais às dos Orixás; no particular, são acrescentados elementos indicados por eles.

Bom, aqui mostramos oferendas mais ou menos padronizadas para os Orixás e os Guias Espirituais de Umbanda.

Agora, há muitas espécies de frutas, bebidas e flores. E há as velas bicolores; a sobreposição de toalhas e panos; grãos cozidos; comidas variadas que, se solicitadas ou indicadas pelos guias espirituais, devem ser colocadas em suas oferendas.

Entre milhares de espécies de flores seria ingenuidade nossa nos limitarmos apenas às que aqui são citadas.

E o mesmo se aplica às frutas, bebidas e comidas.

Apenas os guias espirituais limitaram os elementos das oferendas para que elas fossem padronizadas e, assim, facilitaram-nos o ato de fazê-las.

A redução a elementos fáceis de serem encontrados no comércio ou na natureza contribuiu para que não se tornassem caras ou difíceis de serem encontrados, impossibilitando muitos de fazê-las e delas se beneficiarem.

Um médium umbandista do norte do Brasil, além dos elementos gerais aqui citados, também tem os regionais, típicos da região em que vive. E o mesmo acontece com os que vivem na região Nordeste, Sudeste, Sul e Centro-Oeste.

O que é importante saberem é que todos os elementos, quando colocados na oferenda, adquirem poderes magísticos e são utilizados pelos Orixás e pelos guias espirituais em nosso próprio benefício.

Eles se servem das energias elementais liberadas magisticamente tanto para se energizarem e se fortalecerem como se servem dos elementos para nos curar, fortalecer, descarregar e energizar.

Só não podemos tornar uma oferenda uma miscelânea de elementos que se anulam ou geram radiações desordenadas.

Não se mistura em um mesmo espaço mágico vinho, cerveja e pinga, pois se essas três bebidas têm seus teores alcoólicos, no entanto não são do mesmo grau. Logo, misturá-las desordena a radiação e impossibilita um direcionamento eficaz dos seus poderes higienizadores.

Se colocarem uma bebida, que seja só ela, não acrescentem outra.

Frutas doces e ácidas (azedas) só se mistura se não forem cortadas, porque aí suas energias não se misturam. Agora, se forem cortá-las, só coloquem doces ou ácidas (azedas).

Também damos sugestões do que devem usar, mas isso não significa que precisam colocar em uma mesma oferenda tudo o que foi sugerido.

Escolham os que mais se prestarem aos seus propósitos ou os que seus guias espirituais indicarem, porque eles conhecem as propriedades mágicas dos elementos e sabem quais serão os mais indicados para cada caso.

Quanto às comidas, elas são típicas e umas são de uma região, enquanto outras são de outras.

O que importa, nesse caso, é que saibam que elas, por conterem elementos naturais e animais já cozidos, também liberam energias em outro padrão vibratório e realizam outras funções, como cortarem magias negativas feitas com comidas

- O abacaxi "in natura" é higienizador.
- O abacaxi em calda é atrator.

Então, o melhor a ser feito é, sem se desviarem muito das oferendas padrões, seguirem a indicação dos guias espirituais, pois um pode mandar que na oferenda sejam colocadas folhas em vez de flores; que sejam colocadas sementes cruas ou cozidas no lugar de frutas. Ou, mesmo, podem mandar que coloquem ambos os elementos.

Em vez de uma toalha ou de um pano podem mandar que coloquem diretamente sobre o solo ou que o forrem com pós ou folhas.

Não há uma regra única, mas há necessidades que devem ser supridas para que o benefício seja amplo.

- Uns pedem que a oferenda seja simples.
- Outros pedem que ela contenha muitos elementos.
- Uns pedem que a circulem com bebida; outros, que sejam circuladas com pó de pemba, ou com água, ou com alguma semente ou raiz em pó.

Enfim, não há uma regra e tudo varia de acordo com a necessidade da pessoa que a faz.

Oferendas são um mistério em si e são regidas pelo Mistério das Sete Oferendas Sagradas; elas são feitas desde tempos imemoriais por toda a face da Terra.

Cada povo, cada religião, cada sistema de magia serviu-se e ainda se serve do que tem à sua volta e está ao alcance do maior número possível dos seus seguidores.

Se em uma determinada região não existe uma fruta, uma bebida, uma flor, uma semente, uma raiz, uma comida, então não se cultua o Orixá e não o oferta? É claro que sim! Basta substituí-las por outras com propriedades semelhantes que tudo funciona a contento.

A divindade não é estática ou dogmática. Quem costuma ser assim de vez em quando somos nós.

O importante é ser maleável, mas com bom senso para não acontecerem substituições ridicularizadoras e inúteis.

Não vá substituir o galo tradicional por uma boa canja de galinha, certo?

Assentamentos de Forças e de Poderes

Introdução

Uma das maiores dificuldades para os médiuns umbandistas encontra-se no campo dos assentamentos de forças e de poderes que lhes darão a sustentação, a defesa e o amparo em seus trabalhos ou em suas sessões espirituais.

O assunto é complexo e sua abordagem é delicada porque, tal como no campo das oferendas, algumas coisas mudam de pessoa para pessoa e o que é certo e necessário para uma não é para outra força (ou outro poder).

Comecemos por definir o que é força e poder:

- Usamos a palavra força para o que é espiritual ou provém do espírito.
- Usamos a palavra poder para o que é divino ou provém da divindade.

O que é espiritual não é divino e vice-versa. Logo, é necessário que usemos palavras que diferenciem e classifiquem corretamente as entidades que formam o lado invisível da criação e que estão dando sustentação à Umbanda.

- Poder é algo permanente, estável e realiza-se por si só na vida dos seus beneficiários, não dependendo de nada além de Deus para influir sobre tudo e todos em seu campo ou faixa de atuação.
- Força é algo transitório, instável e em permanente evolução, às

vezes mostrando-se em seu estado potencial e outras mostrando-se em atividade, sempre dependendo da existência do poder para ser colocado em movimento e beneficiar-nos.

Há uma diferença entre poder e força e entre divindade e espírito. A divindade é o poder, o espírito é a força!

A divindade realiza-se por si só na vida dos seres porque é em si a ação, enquanto o espírito só pode e só consegue agir sobre os seres se a divindade lhe conceder poderes para tanto.

Tomemos como exemplo o Orixá Ogum e os Caboclos de Ogum, para que não fiquem dúvidas quanto às diferenças que existem entre poder e força.

• Ogum é o Orixá ordenador da criação e modelador do caráter e da moral dos seres, visto que ele é em si o poder manifestado por Deus para atuar sobre tudo e todos ao mesmo tempo sem que nunca perca seu poder de atuação; nunca se enfraqueça; nunca deixe de ser onipotente, onisciente e oniquerente.

Ogum é o poder de Deus em ação permanente, imutável e intransferível; o que Ogum faz, só Ogum pode e consegue fazer.

Ele independe de algo mais além de Deus para ser o que é e como é, e nada posterior ou inferior a ele influencia-o ou altera esse seu estado de ser e de poder.

Ele modela o caráter e a moral dos seres. Independentemente de sua vontade, sua influência se faz sentir na própria consciência de todos os transgressores das leis divinas e humanas, não importando se conhecem ou não Ogum, pois "Ogum" é um dos nomes humanos já dados a esse poder, que já recebeu outros nomes e no futuro receberá outros.

Tenha o nome que lhe for dado, ainda assim ele continuará a ser o que é: o poder modelador do caráter e da moral dos seres e o ordenador divino dos procedimentos.

O poder Ogum é inalterável, estável, permanente e independe de um nome para atuar sobre tudo e todos em sua faixa ou campo de atuação na criação.

Isso, para nós, é o poder e está bem definido!

Quanto à força, pegamos como exemplo para defini-la os Caboclos de Ogum, para que fique bem claro o seu significado.

• Um Caboclo de Ogum é um espírito em constante evolução consciencial e, a partir dessa sua evolução, novos campos ou faixas de atuação vão sendo-lhe abertas pelo Orixá ou poder Ogum.

Quanto mais o Caboclo de Ogum evolui e se aperfeiçoa conscientemente, maior é seu campo de ação e maior é seu poder de atuação sobre outros seres espirituais, aos quais ampara, direciona e modela no caráter e na moral.

Enquanto Ogum atua de dentro para fora nos seres, o Caboclo de Ogum atua de fora para dentro.

- O poder realiza-se por si só.
- A força só se realiza se for por intermédio de algo ou de alguém.
- O poder tem atuação permanente e atua "por dentro" das coisas ou dos seres.
- A força tem atuação limitada no tempo e atua "por fora" das coisas ou dos seres.

O poder regula a natureza, seja a de um ser ou do meio em que ele vive, proporcionando-lhes estabilidade e equilíbrio interior.

A força altera essas naturezas, proporcionando-lhes alterações e reequilíbrios ou adaptações exteriores.

Em um meio cuja natureza é fria, tal como as regiões próximas dos polos, vivem seres (animais, aves, peixes, plantas, etc.) específicos dele. Já nós, os seres humanos, se quisermos viver nessas regiões, temos de construir moradias especiais; temos de cobrir nosso corpo com roupas especiais e temos de trazer de longe alguns artigos indispensáveis à nossa sobrevivência.

- A natureza terrestre é regulada pelo poder. Nós recorremos à força para alterarmos o meio natural de alguma forma, adaptando-o externamente às nossas necessidades porque, "internamente", as regiões polares sempre serão frias e não conseguiremos mudar esse seu "estado".

Recorrendo a esse exemplo, podemos diferenciar o poder e a força porque enquanto poder ele faz os polos serem como são e esta, enquanto força, só pode alterá-lo se criar adaptações para que os seres não pertencentes à sua natureza neles sobrevivam.

O poder Ogum, por modelar de dentro para fora, faz com que os meios sejam como são, cada um com sua natureza específica. E o mesmo faz pelos seres, proporcionando uma natureza íntima específica para cada espécie.

- Os peixes são como são.
- As aves são como são.
- Os bichos são como são.

Vivendo em seus hábitates naturais, são hoje como eram no passado pré-histórico e esse "modo de ser" de cada espécie permaneceu inalterado ao longo dos tempos. Se ocorreram mudanças, elas foram por "fora", para adaptá-los a algumas mudanças físicas e climáticas.

Conosco também ocorreu isso e "internamente" somos os mesmos que éramos quando Deus nos criou.

Nossa natureza íntima permaneceu inalterada e, se ocorreram mudanças, foram externas.

- O poder modela as coisas (natureza, seres, espécies inferiores, etc.) de dentro para fora, dando-lhes um estado específico que é permanente, diferenciando umas das outras e qualificando-as.

- A força entra em ação quando as alterações exteriores começam a descaracterizar as coisas, desqualificando-as ou desequilibrando-as.

Por isso Ogum (o poder) tem nos espíritos graduados como instrumentos da lei suas forças, que são colocadas em ação sempre que as atuações de dentro para fora já não são suficientes para manter o equilíbrio.

É nesse ponto, nessa necessidade da atuação de fora para dentro, que os espíritos (a força) adquirem importância e tornam-se indispensáveis para a manutenção do equilíbrio entre o lado interior e o lado exterior dos seres, dos meios e da própria criação como um todo.

Como o lado divino da criação atua de dentro para fora e os Orixás vivem no seu lado divino, foi preciso a criação de algo que permitisse a exteriorização desse poder e sua colocação em ação a partir do próprio meio em que os seres vivem.

Dessa necessidade surgiram os santuários naturais, os templos, os altares, os assentamentos, as firmezas, as oferendas, as imagens, os instrumentos mágicos, etc.

Não se trata de animismo, de paganismo, de idolatria, de fetichismo etc., mas de formas de exteriorização do poder para que melhor ele possa nos auxiliar e nos beneficiar "dentro" do próprio meio em que vivemos.

Como nosso assunto são os assentamentos de poderes e de força pelos médiuns e dirigentes espirituais umbandistas, cremos que está justificado o ato de assentarem os Orixás e os guias espirituais para que melhor possam ajudar as pessoas necessitadas desse auxílio adicional que Deus nos franqueou e colocou à nossa disposição.

Um assentamento é um local especial porque nele há um portal "tridimensional" que interage de forma permanente entre as três dimensões ou lados da vida: O lado divino, o natural e o espiritual!

Essas três dimensões ou lados da vida já interagem de forma permanente nos santuários naturais consagrados aos poderes e às forças e neles podemos entrar e trabalhar em nosso benefício ou no dos nossos semelhantes.

Mas em nossa casa ou em nosso centro, aí se faz necessário o auxílio dos assentamentos para que os três lados possam interagir e realizar ações corretas em benefício dos necessitados, sem que estes tenham de ir até a natureza continuamente.

Assentam-se forças divinas, naturais e espirituais.

Esses assentamentos são importantes porque são em si portais multidimensionais e interagem com realidades da vida ainda desconhecidas por nós, os espíritos encarnados.

Mas, como afirmamos no início dessa introdução, uma das maiores dificuldades dos médiuns e dirigentes umbandistas reside nesse campo porque há um grande desconhecimento sobre assentamentos e firmezas dos poderes e forças que sustentam e se manifestam por intermédio da religião e da mediunidade dos seus praticantes.

- Um assentamento é algo abrangente e envolve todo um poder.
- Uma firmeza é algo mais limitado e concentra-se em uma entidade, seja ela divina, natural ou espiritual.

Firma-se um Orixá, um ser da natureza ou um espírito! Agora, um assentamento é algo tão abrangente que ele por si só é realizador e é capaz de dar sustentação a todas as ações realizadas dentro do campo abrangido por ele: o Centro de Umbanda.

O que é um Assentamento?

Assentamento é o local onde são colocados alguns elementos com poderes magísticos, com a finalidade de criar um ponto de proteção, defesa, descarga e irradiação.

Um assentamento pode ser destinado a uma só força ou poder ou a várias. Mas, em geral, faz-se um para cada força ou poder que se deseja assentar.

– Por que assentar uma força ou poder?

Bom, as forças vivem no plano espiritual e os poderes vivem no plano divino da criação e, a partir deles, enviam-nos suas vibrações, auxiliando os trabalhos espirituais que são realizados nos Centros de Umbanda.

Esse auxílio é natural porque se processa religiosamente. Mas, como em um trabalho espiritual vêm pessoas com poderosas cargas negativas, é preciso que exista no plano material pontos de descarga que possam absorvê-las e enviá-las de volta às faixas vibratórias negativas.

Esta é uma das muitas funções de um assentamento de força e de poderes.

A entidade assentada (Orixá ou guia espiritual) tem no assentamento elementos com poderes mágicos, os quais utiliza ativando-os segundo as necessidades do Centro, do trabalho espiritual e dos médiuns.

Em regra, faz-se um assentamento central e daí em diante começa a firmeza de outras forças ou de outros poderes ao seu redor, aumentando seu campo de ação e de atuações.

Se é o assentamento de um Orixá, outros não devem ser assentados ao redor ou ao lado dele, porque cada um é um poder realizador em si mesmo, e dois ou mais assentamentos dentro de um mesmo ambiente criam dois pontos distintos que farão a mesma coisa e o recomendado é que, caso alguém queira assentar dois ou mais guias ou Orixás, então deve reservar um ambiente para cada um, separando-os e isolando-os para que suas vibrações, irradiações, ações e atuações não se misturem e não se confundam. Por isso existem os assentamentos e as firmezas.

Os assentamentos criam vórtices ou "pontos de forças", enquanto as firmezas de outros guias e Orixás dotam-no de um maior poder de realização.

Esse aumento de poder de realização deve-se ao fato de que os guias e os Orixás firmados ao redor do assentamento central "emprestam-lhe" suas forças e poderes e abrem-lhe seus campos de ações e atuações, aumentando o leque de opções ao guia ou ao Orixá assentado, que lhe repassará atribuições às quais exercerão com desenvoltura, porque terão no assentamento um poderoso ponto de descarga, de proteção e de auxílio nas suas ações mais profundas.

Normalmente se assentam o guia-chefe e o Orixá regente da coroa do dirigente espiritual, assim como ao seu Exu e/ou sua Pombagira guardiã.

- Os assentamentos do guia-chefe e do Orixá devem estar localizados dentro da construção que abriga o terreiro.
- Os assentamentos do Exu e/ou da Pombagira guardiã devem ser feitos do lado de fora da construção principal que abriga o terreiro, ainda que também possa estar dentro de outra construção de menor porte.

O ideal (ainda que isso nem sempre seja possível) é que os assentamentos dos Orixás e dos guias-chefes da direita e da esquerda se localizem em cômodos isolados e com acesso restrito, inacessível ao público.

Quando o Centro não tem espaço para tanto, aí o recomendado é que assentem o Orixá e o guia-chefe da direita sob o altar e o Exu e/ou a Pombagira guardiã em uma cazinhola na entrada do terreno que abriga o terreiro.

Centros localizados em terrenos e construções amplas têm mais facilidade para fazê-los. Já nos menores, aí é preciso um pouco de criatividade para fazer os assentamentos e as firmezas ao seu redor.

O que é uma Firmeza?

A firmeza de uma força ou de um poder; pode ser feita ao redor de um assentamento ou independente dele.

Firmar um guia espiritual ou um Orixá significa proporcionar-lhe condições mínimas para que tenha um ponto fixo onde receba os pedidos de auxílio; de oferendas, etc.

A firmeza assemelha-se a um assentamento, mas tem menos recursos ou poderes de realização, pois é uma simplificação dele e destina-se a facilitar a atuação das entidades.

Um assentamento cria um vórtice e um campo eletromagnético que interage com outras dimensões da vida de forma permanente, sendo em si um "ponto de força" localizado nas dependências do terreiro.

Enquanto uma firmeza cria um ponto de sustentação para as ações da entidade firmada, dando-lhe um pouco mais de segurança para que possa resistir às reações das suas atuações em benefício das pessoas necessitadas do seu auxílio.

- Um assentamento assemelha-se a uma fortaleza que abriga um exército completo, com todas as suas divisões.
- Uma firmeza assemelha-se à instalação avançada de uma divisão.

No assentamento estão todas as divisões, na firmeza está somente uma (a da entidade firmada).
- Um assentamento é algo definitivo, uma firmeza pode ser transitória.
- Um assentamento deve ser iluminado de forma permanente e deve ser alimentado periodicamente com os elementos pré-determinados.

Uma firmeza pode ser iluminada periodicamente e pode ser realimentada de vez em quando.

Um assentamento deve ter um dia definido na semana para ser iluminado e realimentado; já uma firmeza, deve ser iluminada e realimentada sempre que seu zelador fizer um novo pedido de auxílio à entidade firmada.

Assentamento e firmeza são similares e a segunda é uma simplificação do primeiro, mas têm as mesmas funções, que é protegerem, sustentarem e ampararem algo ou alguém.

Tipos de Assentamentos

Os assentamentos são feitos conforme o Orixá, pois cada um possui seus elementos, suas ferramentas e seu "estilo".

Como já vimos, o Otá do seu Orixá é tratado na quartinha, que tanto pode ser colocado no seu altar, sob ele, mas ocultado de olhos alheios, ou no local em que você construir seu assentamento.

Mas assentamentos, não fazemos só o do nosso Orixá, certo?

Podemos fazer o assentamento de "mistérios" dentro do nosso Centro de Umbanda ou do lado de fora dele, para nossa proteção, para protegerem-nos; aos nossos médiuns, etc.

Os médiuns umbandistas, apesar de serem os instrumentos (aparelhos) dos guias espirituais, que são manifestadores de mistérios, têm uma noção pobre sobre o que é um mistério e de como se servir dele, ainda que ele esteja nos fundamentos divinos de sua religião e todos podem assentá-los e ativá-los para protegê-los e aos seus trabalhos.

Mesmo com os umbandistas tendo milhares de mistérios nos fundamentos divinos da Umbanda, ainda assim muitos foram se fundamentar em mistérios alheios, dos quais copiaram ritos e magias e as adaptaram à sua religião, tornando-se dependentes de mistérios alheios.

Esses "mistérios alheios" referem-se à forma como os mesmos poderes divinos são acessados, pois existem várias formas para assentá-los, ativá-los e colocá-los em ação, beneficiando-nos e aos nossos trabalhos.

São tantos mistérios e há tanto desconhecimento sobre eles que, ou os ensinamos rapidamente aos umbandistas como assentá-los, ativá-los e deles se servirem, ou nunca libertaremos nossa religião dessa dependência, pois se a Umbanda tem em seu panteão divino os sagrados Orixás, quem atende às pessoas necessitadas são os guias espirituais, que são manifestadores espirituais de mistérios.

É o conhecimento sobre os mistérios manifestados pelos guias espirituais que devem ser aprendidos pelos médiuns umbandistas, porque, assim que isso acontecer, daí em diante a Umbanda assumirá seu leito próprio como religião e deixará de depender de conhecimento e práticas alheias.

Então, os tipos de assentamentos podem variar porque cada Orixá é um mistério em si, e se alguns elementos são comuns a todos, outros são específicos.

Mas, mesmo nos comuns, há variações quanto às espécies de um mesmo elemento.

Os minerais formam uma classe, mas o ferro é uma espécie e o cobre é outra.

O chumbo, o alumínio, o zinco, o estanho, etc., são espécies de minerais. E cada Orixá tem seu mineral!

As rochas formam uma classe, mas o quartzo é uma e a ágata é outra.

O citrino, o topázio, a esmeralda, a granada, o ônix, etc., são espécies de rochas. E cada Orixá tem as suas.

As folhas formam uma classe, mas a folha de mamona é de uma espécie e a de bananeira é de outra. E cada Orixá tem as suas.

As sementes formam uma classe, mas as de milho são de uma espécie e as de girassol de outra. E cada Orixá tem a sua ou suas.

As ferramentas formam uma classe, mas a espada é uma e o machado é outra. E cada Orixá tem a sua ou suas.

As cores formam um espectro, mas o verde é um tom e o laranja é outro. E cada Orixá tem a sua cor (ou cores).

Assim, sucessivamente, é com tudo o que existe e com todos os Orixás. Inclusive, todos juntos formamos a "classe" dos filhos dos Orixás, mas cada um possui os seus, certo?

Também não devemos nos esquecer de que os Orixás também possuem uma identificação associada aos quatro elementos básicos e aos três derivados.

Os quatro elementos básicos são: fogo, água, terra, ar.

Os três elementos derivados deles são: o vegetal, o mineral e o cristal.

Esses sete elementos formadores do nosso planeta e de sua natureza não surgiram por acaso, mas têm por trás de suas existências poderes divinos que os regem e graduam suas ações em nossa vida.

- Iemanjá é identificada com o mar.
- Oxum é identificada com a cachoeira.
- Nanã é identificada com os lagos.
- Obá é identificada com as lagoas.
- Iansã é identificada com o ar.
- Oroiná é identificada com o fogo.
- Logunan é identificada com o cristal.

Observem que essa identificação gera todo um simbolismo usado para identificar as linhas espirituais regidas por essas mães Orixás.

Mas há outros identificadores delas e de todos os outros Orixás, tanto os cultuados na Umbanda quanto os que só são cultuados no Candomblé.

Essa identificação nos diz que por trás das coisas visíveis estão poderes divinos dando-lhes sustentação permanente.

Então, por isso, há vários tipos de assentamentos para os Orixás e um mesmo pode ter um tipo, feito por um médium e pode ter outro tipo feito por um outro médium.

Isso acontece porque um mesmo Orixá possui muitas hierarquias naturais e espirituais.

Observem isso:

Há o Orixá-mistério universal Ogum. Esse Orixá possui suas hierarquias. Duas delas são as regidas pelo senhor Ogum Sete Lanças e pelo senhor Ogum Sete Espadas.

A hierarquia do senhor Ogum Sete Lanças atua em um campo regido por Oxalá.

A hierarquia do senhor Ogum Sete Espadas atua em um campo regido por Omolu.

O médium filho de Ogum, que tem como seu Orixá pessoal o senhor Ogum Sete Lanças se acaso for assentar o Orixá Ogum, terá fazer um tipo de assentamento, no qual não deverão faltar as "Sete Lanças Simbólicas".

O médium filho de Ogum, que tem como seu Orixá pessoal o senhor Ogum Sete Espadas se acaso for assentar o Orixá Ogum, terá de fazer outro tipo de assentamento, no qual não deverão faltar as "Sete Espadas Simbólicas".

Mas nós sabemos que, na Umbanda, também existem outras hierarquias do Orixá Ogum e outros nomes simbólicos.

Logo, em cada uma dessas hierarquias mudam alguns elementos e, "em um mesmo Orixá", temos vários tipos de assentamentos.

- Ogum Sete Lanças
- Ogum Sete Espadas
- Ogum Sete Pedreiras
- Ogum Sete Cachoeiras
- Ogum Sete Ondas
- Ogum Sete Caminhos
- Ogum do Tempo
- Ogum Rompe-matas
- Ogum Beira-mar
- Ogum de Ronda
- Ogum Matinata
- Ogum Sete Correntes
- Ogum Naruê
- Ogum Sete Escudos, Sete Estrelas, etc.

Cada um desses Oguns tem diferenciadores que os distinguem quando são assentados nos Centros de Umbanda.

Agora, imaginem se listarmos todas as Oxuns, todas as Iansãs, todos os Xangôs, etc.? Quantos diferenciadores não existirão?

Para facilitar os assentamentos dos Orixás na Umbanda, devido à complexidade "elemental, instrumental e ferramental", com o tempo assentamentos padrões começaram a ser usados para todos os Orixás de uma mesma linha ou irradiação.

Não importando qual o Orixá pessoal do médium, seu assentamento repete o do Orixá regente.

Assim, assenta-se Ogum, e não um dos Oguns dos médiuns.

Assenta-se Oxum, e não uma das Oxuns dos médiuns.
E assim por diante, com todos os Orixás.

A partir dessa simplificação e coletivização dos assentamentos dos Orixás na Umbanda, só temos de ter alguns elementos específicos para cada um dos regentes planetários para construí-los.

Com isso definido, temos 14 tipos de assentamentos para os Orixás Regentes das Sete Linhas de Umbanda mais outros três: um para o Orixá Exu; um para o Orixá Pombagira e um para o Orixá Exu Mirim.

Então temos 17 tipos de assentamentos na Umbanda.

Como os guias espirituais se servem dos mesmos elementos, instrumentos e ferramentas dos Orixás que os regem, tudo se repete, facilitando mais uma vez esse campo para os médiuns umbandistas.

A partir dessa simplificação por Orixá, então temos os assentamentos gerias, aos quais podem ser acrescentados ou subtraídos alguns elementos, desde que seja feito sob a orientação dos Orixás pessoais.

Quanto à consagração dos elementos, das ferramentas e dos instrumentos magísticos, ela deverá ser feita no ponto de forças do Orixá pessoal.

Se o médium é filho de Ogum e seu Ogum pessoal é o senhor Ogum Rompe-matas, consagrará em uma mata.

Se o seu Ogum pessoal é o senhor Ogum Sete Cachoeiras, consagrará em uma cachoeira.

Se o seu Ogum pessoal é o senhor Ogum Sete Lanças, consagrará no campo aberto.

Se o seu Ogum pessoal é o senhor Ogum Beira-mar, consagrará à beira-mar.

Como Ogum é o Orixá cujas hierarquias e Orixás pessoais estão mais definidos dentro da Umbanda, essas consagrações em pontos de forças diferentes são possíveis.

Mas além de Ogum, só Iansã e Xangô têm alguns dos Orixás pessoais já identificados, tais como:

Iansã das Pedreiras, das Cachoeiras, do Cemitério, do Mar; do Tempo; dos Raios; dos Ventos.

Xangô das Pedreiras, das Cachoeiras, das Sete Montanhas, da Pedra Preta, da Pedra Branca.

Agora, com os outros Orixás usa-se unicamente o ponto de forças do Orixá regente planetário, não fazendo diferença com qual outro regente planetário o Orixá pessoal se "cruze" (ou esteja ligado).

O estabelecimento de pontos de forças específicos para consagrar-se os elementos, os instrumentos e as ferramentas dos Orixás facilitou o trabalho dos médiuns e organizou tudo.

Os pontos de força são estes:

• Oxalá	– em campo aberto.
•Logunam	– em campo aberto.
• Oxum	– nos rios e nas cachoeiras.
• Oxumaré	– nos rios e nas cachoeiras.
• Oxóssi	– nas matas.
• Obá	– nas lagoas dentro das matas.
• Xangô	– no sopé de uma montanha ou em uma pedreira.
• Oroiná	– em um espaço aberto dentro de uma pedreira.
• Ogum	– em campo aberto, mas à beira de um caminho que o atravesse.
• Iansã	– em uma pedreira ou em campo aberto.
• Obaluaiê	– no cemitério.
• Nana Buruquê	– às margens dos lagos.
• Iemanjá	– nas praias, em frente do mar.
• Omolu	– nos cemitérios.

Esses são os pontos de forças gerais. Mas, se o Orixá individual e pessoal do médium indicar um ponto de entrecruzamento de forças, então sigam sua orientação.

Lembrem-se que cada "peça" do assentamento pode ser consagrada isoladamente e guardada em um local que ninguém toca.

E, no decorrer dos anos de trabalho como médium, é possível consagrar vários ou todos os elementos que formarão o assentamento do seu Orixá.

Caso seja sua missão um dia ter seu Centro, então bastará pegar todas as peças que o formam, ir ao ponto de forças geral e ali abrir com uma oferenda um espaço consagratório amplo, onde todos serão magnetizados em uma mesma vibração, ficando prontos para serem colocados no local já preparado em seu Centro, assentando-o em definitivo com a cerimônia que lhe é devida.

O assentamento do Orixá só deve ser feito dentro do Centro, caso o Exu do médium já tenha sido formado ou assentado no lado de fora dele.

Vocês se lembram do refrão "sem Exu não se faz nada?"

Pois é, Exu tem uma importância fundamental na Umbanda: é ele quem "cuida" do lado de fora dos templos umbandistas. E, com ele já assentado, não ocorrerão "invasões" de espíritos penetras na cerimônia de assentamento do seu Orixá que também não será pública, mas a fechada e limitada a um ou dois auxiliares.

OTÁ - O Início dos Assentamentos

Um assentamento começa a ser construído sem pressa pelo médium, peça a peça, até que tenha no mínimo sete elementos do Orixá, todos já consagrados, tanto no seu ponto de forças quanto no seu Centro de Umbanda.

Não é preciso esperar abrir o Centro para começar a constituí-lo rapidamente. Um dos primeiros elementos é o Otá, ou pedra do seu Orixá.

O Otá equivale à "pedra fundamental" das grandes construções civis ou de grandes templos erigidos no plano material pelas mais diversas religiões.

Cada Orixá tem sua(s) pedra(s) e é por ela(s) que o médium deve começar a constituição dos fundamentos do assentamento do seu próprio Orixá.

Relatam os nossos mais velhos que, durante o período da escravidão, quando se realizava a cerimônia de iniciação dos noviços, estes iam mata adentro à procura do seu Otá, ou pedra do seu Orixá, e voltavam só ao amanhecer, já com ela entre as mãos.

Dali em diante, ela seria o mais poderoso elo com seu Orixá. Seria conservada com zelo e alimentada periodicamente para manter integralmente seu axé (poder).

Normalmente ela era condicionada em uma quartinha de barro, pois a louça era um artigo raro e caro, inacessível às classes menos favorecidas. Panelas, vasos, tigelas, canecos e outros utensílios feitos de barro cozido eram comuns e de uso cotidiano, não só pelos indígenas, uma vez que os colonizadores mais pobres também usavam utensílios de barro cozido. Eram os vasilhames e utensílios mais populares e mais baratos naquela época, certo?

Hoje, quando você tem os mesmos utensílios em louça, pode usá-los à vontade. Até porque as quartinhas de barro precisam passar por um envernizamento externo e por um revestimento oleoso interno, para que a água ou outra bebida colocada dentro dela não seja absorvida pelo barro e, sob temperaturas elevadas, evapore completamente.

Então, como atualmente você não precisa sair às escondidas e em altas horas da noite para encontrar na escuridão o seu Otá ou pedra do seu Orixá, recomendamos que a encontre em um rio ou cachoeira pedregosa e ali, calmamente, o escolha e o recolha-o levando-o para casa já envolto em um pedaço de pano com a cor do seu Orixá.

Mas, lembre-se: não é só chegar até o leito pedregoso do rio, catar uma pedra rolada, envolvê-la em um pano e ir embora. Não mesmo!

Há todo um ritual que deve ser cumprido à risca, se quiserem que seus Otás tenham axé ou poder de realização. Abaixo vamos descrevê-lo:

1. Encontrar um trecho do rio com águas limpas, que seja pedregoso;

2. Em uma margem dele, oferendar nossa mãe Oxum e pedir-lhe licença para recolher dos seus domínios o Otá do seu Orixá.

3. Depois, oferende seu Orixá na outra margem ou, se for na mesma, faça-a mais abaixo da oferenda que fez para a Senhora Oxum.

4. Já com a oferenda feita, derrame no rio uma garrafa de champanhe ou outra bebida doce e sete punhados de açúcar, oferecendo-os aos Seres das Águas, pedindo-lhes licença para entrar no rio e recolher seu Otá.

5. Isso feito, o médium deve entrar no leito do rio e procurar uma pedra rolada que o atraia mais que as outras e, quando encontrá-la, deve pedir licença à Mãe e aos Seres da Água para pegá-la para si.

6. Após pegá-la, deve elevá-la com as duas mãos acima da cabeça e, como em uma oração, dizer estas palavras: *"Meu Pai (ou Mãe) Orixá tal, eis a sua pedra de axé, o meu Otá! Abençoe-o com tua luz, com teu poder divino e com teu axé, tornando-a, a partir de agora, minha pedra fundamental sagrada!"*

7. Após fazer essa primeira consagração, a pessoa deve ir até onde está a oferenda da Mãe Oxum e apresentá-la segurando-a na palma das mãos unidas em concha, dizendo-lhe estas palavras: *"Minha Mãe Oxum, apresento-lhe meu Otá. Abençoe-o, minha amada Mãe!"*

8. Após receber a bênção da Mãe Oxum, a pessoa deve dirigir-se até onde está a oferenda do seu Orixá, colocá-la dentro dela e fazer esse pedido: *"Meu Pai (minha Mãe) Orixá tal, peço-lhe que aqui, dentro da sua oferenda, consagres essa pedra de forças, esse meu Otá"*.

9. Após esse pedido, a pessoa deve aguardar uns dez minutos para recolhê-la e envolvê-la no pedaço de pano na cor do Orixá. Mas antes deve dizer estas palavras: *"Meu Pai (minha Mãe), peço-lhe licença para recolher meu Otá com seu axé e envolvê-lo nesse pedaço de pano que simboliza seu manto protetor para que eu possa levá-la para minha casa, protegida e ocultada dos olhares alheios"*.

10. Recolha-a e embrulhe-a com o pano. Então, peça licença e vá para casa.

Chegando em casa, risque um símbolo do seu Orixá, coloque-o dentro dele; acenda uma vela de sete dias e coloque-a dentro dele. Invoque seu Orixá, pedindo-lhe que a alimente com sua luz viva, só recolhendo-a e guardando-a em um local adequado quando a vela for toda queimada.

Caso queira, poderá pegar uma tigela de louça, colocar dentro dela um pouco de água e macerar um punhado de folhas do Orixá para, em seguida, colocar dentro o seu Otá, iluminar com uma vela de sete dias e pedir-lhe que lhe incorpore seu axé vegetal.

Após sete dias com o Otá imerso no caldo vegetal, poderá lavá-lo em água corrente, que o axé vegetal do Orixá terá sido incorporado a ele.

Só então a pessoa poderá alimentá-lo com a bebida do Orixá. Para alimentá-lo, poderá fazê-lo derramando-a na mesma tigela usada para as ervas. O procedimento é idêntico:

- Coloca-se a bebida; a seguir, coloca-se o Otá; cobre-se a tigela com o pano na cor do Orixá; ilumina-se com uma vela de sete dias e faz-se uma oração para que o Orixá o alimente com o axé da sua bebida.

- Após sete dias, retire o Otá, lave-o em água corrente e coloque-o dentro de uma quartinha de louça ou de barro cerâmico;

- Encha-a com água engarrafada adquirida no comércio, pois não contém cloro, e coloque-a, já tampada, em seu altar, oratório ou em um local em que só você mexa.
- Então, periodicamente, troque a água ou complete-a, que seu Otá passará a atuar em seu benefício, atuando como um ponto de força do seu Orixá.
- Quando vier a fazer seu assentamento, coloque nele sua quartinha com seu Otá dentro dela, passando a alimentá-la com ela já assentada em definitivo. Aí está seu verdadeiro e genuíno "Otá"!

Temos ouvido relatos de que algumas pessoas adquirem no comércio algumas pedras roladas ou pedregulhos já manuseados por outras pessoas e, em um ritual simples, colocam-nos dentro da quartinha dos seus filhos espirituais onde, daí em diante, passarão a alimentá-la periodicamente como se tivessem de fato o axé dos seus Orixás.

Mas isso não é verdadeiro, assemelha-se a uma simpatia, que tanto pode funcionar como não.

Um Otá genuíno só deve ter a mão do seu dono e só deve ter a vibração do seu Orixá. Qualquer outra vibração incorporada ao Otá de uma pessoa influirá negativamente sobre ele e sobre seu dono, assim como sobre o próprio Orixá.

Isso acontece quando quem participou da consagração do Otá fica de mau humor, com raiva, com ódio dele, com antipatia por ele, etc.

Um Otá é algo pessoal e não deve ser manipulado por quem quer que seja, além do seu dono e só deve conter suas vibrações e as do seu Orixá.

Além do mais, caso a quartinha com o Otá fique nas dependências do Templo que a pessoa frequenta, várias coisas podem influir sobre ela e ele, tais como:

- Caso o Templo esteja sendo demandado, os donos dos Otás também serão atingidos.
- Caso virem as forças assentadas ou firmadas no Templo, as dos donos dos Otás também serão viradas.
- Caso prendam as forças assentadas ou firmadas no Templo, as dos donos dos Otás também serão presas.

- Caso o dirigente fique com ódio de seu médium, poderá atingi-lo por meio do seu Otá, e qualquer outro elemento pessoal colocado dentro da quartinha (pois há os que colocam um chumaço de cabelo, retirado do ori do seu filho de santo).

Recomendamos às pessoas que forem prejudicadas dessa forma que comprem sete quartinhas de louça; consigam sete líquidos diferentes, tais como: mel, bebida do seu Orixá, água doce, água salgada, água com ervas maceradas, água com pemba branca ralada misturada e água de coco.

Com esses sete líquidos engarrafados separadamente, devem ir até uma cachoeira e nela fazer uma oferenda à Mãe Oxum.

Após fazer a oferenda, devem pedir-lhe licença para colher sete pedras no leito da cachoeira. Após colhê-las, colocá-las dentro das sete quartinhas e acrescentar um pouco de água da cachoeira.

A seguir, colocar as quartinhas em círculo e derramar dentro de cada uma o líquido de uma garrafa. Acender sete velas amarelas juntas no centro do círculo das quartinhas; acender sete velas vermelhas do lado de fora do círculo de quartinhas, uma para cada uma.

Na sequência, fazer essa oração poderosa ajoelhado diante do círculo de quartinhas:

"Minha amada e misericordiosa Mãe Oxum, clamo-lhe neste momento em que sofro um ato de injustiça que a Senhora ative o seu Sagrado Mistério das Sete Quartinhas e, em nome do Divino Criador Olorum, de Oxalá, da Lei Maior e da Justiça Divina, que essa injustiça seja cortada, anulada e diluída, e que quem a fez contra mim seja rigorosamente punido por Olorum, por Oxalá, pela Lei Maior e pela Justiça Divina, assim como pelo Orixá, pelo Exu Guardião e pela Pombagira Guardiã dela, que assim, punida rigorosamente, nunca mais use do seu conhecimento para prejudicar-me e a ninguém mais.

Peço-lhe também que tudo o que essa pessoa fez e desejou contra mim, contra minhas forças espirituais e contra meu Orixá, que na Lei do Retorno seja voltado integralmente contra ela, punindo-a rigorosamente por ter me faltado com o respeito e com a fraternidade humana que deve reinar em nossa vida.

Peço-lhe também que essa pessoa seja punida com a retirada dos seus poderes e conhecimentos pessoais, assim como que dela sejam afastados todos seus filhos espirituais e seus amigos, para que não venham a ser vítimas da perfídia, da traição e do seu ódio por quem a desagrada.

Peço-lhe também que os Orixás e os Guias Espirituais de todos os filhos espirituais dessa pessoa maligna sejam alertados de sua perfídia e tomem as devidas providências para protegerem-se, e aos seus filhos, da traição e da falsidade dessa pessoa indigna perante os Sagrados Orixás, o Divino Criador Olorum, a Lei Maior e a Justiça Divina e todos os umbandistas.

Que a Lei Maior e a Justiça Divina comecem a atuar e só cessem suas atuações quando ela lhes pedir perdão pela injustiça cometida. Ou, caso ela não o faça, então atuem colocando-a para fora da Umbanda para que nunca mais manche-a com sua perfídia, traição e falsidade.

Peço-lhe e peço a todos os poderes invocados aqui que me protejam de todos os atos negativos que essa pessoa traiçoeira venha a intentar contra mim, minhas forças, meu Orixá, minha vida e família, assim como vos peço que cada ato dela feito contra mim de agora em diante seja virado e seja revertido contra ela, punindo-a ainda mais.

Amém"!

Essa oração é tão poderosa que, imediatamente, a pessoa que cometeu o ato indigno de atingir um filho espiritual, as suas forças espirituais e ao seu Orixá, começa a ser punida de tal forma que, em pouco tempo, ou ela desfaz o malfeito e pede perdão ao atraiçoado ou sua vida terá uma reviravolta tão grande que acabará afundando em sua maldade.

É a justa punição para quem ousa atingir o Orixá alheio.

Essa magia e essa oração forte não devem ser usadas para futricas e intrigas pessoais, pois nossa amada Mãe Oxum não está à nossa disposição para essas coisas, mas ela concede a ativação do seu *Sagrado Mistério das Sete Quartinhas* para que atos indignos cometidos contra nossos Guias e Orixás sejam punidos rigorosamente.

Bem, após essa magia para a defesa de vítimas de trabalhos para atingi-las a partir do seu Otá, continuemos com os comentários sobre a "pedra fundamental" dos médiuns umbandistas.

Saibam que um Otá (ou pedra de força) também pode ser encontrado e recolhido em outros lugares além do leito dos rios. Pedras são encontradas na terra, no sopé das montanhas, em pedreiras, etc.

- Se a sua pedra de forças (aquela que o atraiu) for encontrada dentro de uma mata ou bosque, aí você deve pedir licença ao Orixá Oxóssi para recolhê-la e consagrá-la ao seu Orixá.
- Se ela foi encontrada na terra, em algum campo aberto, peça licença ao Orixá da terra, Omolu.
- Se ela for encontrada no sopé de uma montanha, ou mesmo nela, peça licença ao Orixá Xangô.
- Se ela for encontrada em uma pedreira, peça licença ao Orixá Iansã.
- Se ela for encontrada nas margens de um lago ou do estuário de um rio, peça licença ao Orixá Nanã Buruquê.
- Se ela for encontrada nas margens ou no fundo de uma lagoa, peça licença ao Orixá Obá.
- Se ela for encontrada a beira-mar ou mesmo dentro das suas águas, peça licença ao Orixá Iemanjá.
- Se for "encontrada" no comércio de pedras, aí é problema seu, certo?

Afinal, um Otá genuíno não é uma pedra semipreciosa, mas um eixo rolado ou um pequeno geodo ainda na natureza e que não passou de mão em mão.

Quando a "pedra ideal" é encontrada, como que por acaso, e o médium não estava ali com a finalidade de encontrar seu Otá, mas deseja recolhê-la e levá-la para sua casa porque "sente" que ela tem algum poder ou finalidade mágica, este deve ajoelhar-se perto dela e, dependendo do campo vibratório em que ela se encontra, ali deve fazer uma oração ao seu Orixá regente e pedir-lhe permissão para recolhê-la e levá-la para sua casa, pois já se estabeleceu uma afinidade entre ambos.

Se você ainda não souber que tipo de afinidade se criou, recolha-a e leve-a embora. Guarde-a e aguarde, porque pode ser que mais adiante um guia espiritual se manifeste e lhe dê orientações sobre ela e como tratá-la dali em diante.

Agora, se em todo o lugar da natureza que você for encontrar uma ou mais pedras que o atraiam intensamente, aí já se trata de uma coisa pessoal e o melhor a fazer é tornar-se um colecionador de pedras ornamentais ou raras.

Como Fazer as Firmezas dos Outros Orixás

Com o Orixá do novo dirigente espiritual umbandista assentado, então, pouco a pouco ele poderá firmar outros Orixás.

Geralmente, faz-se a firmeza daqueles "mais ligados" ao dirigente porque são com os quais possui mais afinidades, mas só usa-se um ou dois elementos concentradores do seu axé.

Não é preciso mais que isso para que interajam com o assentamento principal.

Como é de conhecimento geral os elementos concentradores do axé dos Orixás cultuados na Umbanda, cremos que dispensam uma listagem. Mas, caso desconheçam os de alguns, poderão encontrá-los nas listas de mistérios que daremos mais adiante.

Poderão escolher um elemento, um instrumento ou uma ferramenta.

▪ Por elemento entendam uma pedra, a água de um ponto de forças, uma parte das plantas que seja do Orixá.

▪ Por instrumento entendam os usados para a realização dos trabalhos, tais como: pembas, velas, fitas, toalhas, com o ponto riscado da entidade nela simbolizada, etc.

▪ Por ferramentas, entenda as armações em cobre, latão, ferro, aço, esferas, discos de ferro, etc.

Firmezas de Proteções

Firmar proteções significa firmar dentro ou fora de seu Centro ou de sua casa forças e poderes fundamentados nos mistérios da Umbanda.

Como a noção de mistério é vaga para a maioria das pessoas, vamos comentá-la um pouco para que a compreendam melhor.

Observem isto:

As palavras identificam e indicam algo, alguém ou alguma coisa.

O nome "José" identifica uma pessoa.

A palavra "oceano" indica uma porção do planeta.

A palavra "verão" indica uma das quatro estações do ano.

Usando estas três palavras (José, Oceano e Verão) criamos uma ação: José viajou pelo Oceano Atlântico no último verão!

Então, temos nas palavras um recurso universal usado por todos para identificarem e indicarem algo, alguém ou alguma coisa.

Logo, as palavras têm sua função na criação e têm o poder de indicar ações e identificar seus agentes.

Esse poder de realização das palavras torna-as um mistério em si e que tanto servem para nos comunicarmos, para nos fazermos entender, assim como para desencadearem ações.

Portanto, mistério é tudo e todos que podem desencadear ações e interagir entre si por intermédio de algum meio.

Com o recurso das palavras desencadeamos as mais diversas ações que, sem sua existência, não seriam desencadeadas.

Imagine isto: você vai até uma praia e firma um círculo de velas azul coloca dentro dele rosas brancas e uma garrafa aberta de champanhe.

A seguir, levanta-se e volta para sua casa sem ter pronunciado uma só palavra ou sem ter pensado em nada nem em ninguém.

Com certeza terá perdido seu tempo e sujado uma praia, não?

Sim, é isso mesmo! Porque se fez uma oferenda a Iemanjá, mas não a dedicou e não determinou qualquer trabalho em seu benefício, também não desencadeou qualquer ação.

As palavras proferidas têm o poder de ativar o espaço mágico que criarmos e têm o poder de acionarmos um poder divino.

Logo, as palavras são um mistério.

Mas, como é por meio da oferenda que os elementos usados serão ativados e a criação de um portal multidimensional que absorverá nossas sobrecargas energéticas e espirituais negativas, então ela também é em si um mistério.

E Iemanjá, por ser um poder divino que realiza ações em nosso benefício, também é um mistério.

Portanto, mistério é tudo que é capaz de, por si só, interagir com outras coisas e realizar ações a partir de si.

Se dissermos que uma pedra é um mistério em si, muitos lhe negarão essa condição.

Mas tal como comprovamos que as palavras preenchem os requisitos necessários para formarem um mistério, podemos fazer o mesmo com as pedras, fundamentando-as e justificando suas condições de mistérios da criação.

Tudo na criação é gerado por Deus na forma neutra, só adquirindo o poder de realização se for acionado e ativado, ou vice-versa.

Uma pedra, como tudo mais, é um mistério neutro na sua origem. Mas, se for ativada e acionada, realiza ações por si e de si.

"Por si" é o que ela, enquanto energia, faz por nós e pelo meio ambiente: ela nos energiza e fortalece.

"De si" é porque ela pode concentrar vibrações divinas de alta frequência; pode condensá-las; transformá-las e projetá-las para nós e irradiá-las para nosso ambiente doméstico ou profissional, "arejando-os e energizando-os" nos seus lados espirituais, fato este que os torna mais agradáveis.

Por isso, tanto as palavras quanto as pedras são em si mistérios.

As palavras, por fluírem por intermédio de ondas sonoras, nos são invisíveis e podemos classificá-las como abstratas, principalmente porque, além de invisíveis, não existem por si só e precisam de um agente emissor.

As pedras, por serem visíveis e sensíveis ao tato, ao olfato e ao paladar, são em si mistérios concretos. Mas, além de serem visíveis, independem de alguém para existirem e são o resultado de erupções vulcânicas.

Após terem sido geradas no resfriamento do magma vulcânico, tornam-se entidades em si mesmas e são imutáveis.

Um rubi sempre será um rubi. Um diamante será sempre um diamante.

O ponto em comum entre as palavras e as pedras é que tanto a palavra rubi significa uma pedra preciosa quanto um rubi só poderá ser identificado pela palavra "rubi".

Agora, existem palavras que despertam sentimentos de fé em quem as ouve.

E existem palavras que despertam sentimentos de amor, assim como existem palavras que ensinam e despertam o aprendizado, sedimentando o conhecimento.

Também existem outras que desenvolvem o raciocínio, a criatividade, o bom senso, a moral, etc.

Assim, se as palavras são em si mistérios, então temos de classificá-las, senão o mistério de cada uma fica solto ou difuso.

Para haver uma classificação, ela só seria válida se também estivesse fundamentada em outro mistério.

A Umbanda havia se fundamentado no Mistério do Setenário Sagrado. Logo, o Setenário é o mistério classificador de todos os Mistérios da Umbanda.

No Setenário Sagrado está a chave interpretativa dos Mistérios que se manifestam por intermédio do simbolismo adotado pela Umbanda.

- No Setenário temos os Sete Sentidos
- No Setenário temos os Sete Planos
- No Setenário temos os Sete Elementos
- No Setenário temos as Sete Vibrações
- No Setenário temos as Sete Irradiações
- No Setenário temos as Sete Cores
- No Setenário temos os Sete Poderes
- No Setenário temos as Sete Forças
- No Setenário temos os Sete Sons, etc.

Com isso entendido, bastou os mentores divinos e os espirituais da Umbanda servirem-se do sistema classificatório do setenário para nomearem por meio do simbolismo todos os mistérios de Umbanda Sagrada.

Como as palavras são em si mistérios, então temos esta classificação:

- Mistério das Sete Palavras Sagradas.

Este mistério maior subdivide-se em outros sete, que são os seguintes:

- Mistério da Palavra da Fé
- Mistério da Palavra do Amor
- Mistério da Palavra do Conhecimento

- Mistério da Palavra da Justiça
- Mistério da Palavra da Lei
- Mistério da Palavra da Evolução
- Mistério da Palavra da Geração

Avancemos!

Como as palavras têm poder de realização (identificação e ativação), então o Mistério da Palavra da Fé gera de si outros mistérios, tais como:

- Mistério das Sete Orações Sagradas
- Mistério das Sete Rezas Sagradas
- Mistério das Sete Invocações Sagradas, etc.

Já o Mistério da Palavra da Lei gera estes:

- Mistério das Sete Leis Sagradas
- Mistério das Sete Ordens Sagradas, etc.

Já o Mistério da Palavra do Amor gera estes:

- Mistério dos Sete Cantos Sagrados
- Mistério dos Sete Poemas Sagrados, etc.

Como muitas formas de vida emitem sons que não nos são compreensíveis, mas identificam seus emissores, classificando-os e nomeando-os, então temos um mistério maior denominado Mistério dos Sete Sons Sagrados.

Neste, estão todos os sons e não só as palavras.

Bem, uma oração, uma reza, uma ordem mágica, um encantamento, um canto sacro, etc., têm seus poderes e são em si mistérios.

Mas assim como temos os das palavras, temos outros que também podem ser facilmente identificados no simbolismo umbandista.

Comecemos pelo mistério bem concreto das pedras. Temos o Mistério Maior das Sete Pedras Sagradas:

- Mistério da Pedra da Fé
- Mistério da Pedra do Amor
- Mistério da Pedra do Conhecimento
- Mistério da Pedra da Justiça
- Mistério da Pedra da Lei
- Mistério da Pedra da Evolução
- Mistério da Pedra da Geração

Trazendo os sete sentidos para as cores, temos o seguinte:

- Mistério da Pedra Branca (Oxalá)
- Mistério da Pedra Rosa (Oxum)

- Mistério da Pedra Verde (Oxóssi)
- Mistério da Pedra Vermelha (Xangô)
- Mistério da Pedra Azul (Ogum)
- Mistério da Pedra Violeta (Obaluaiê)
- Mistério da Pedra Roxa (Omolu)
- Mistério da Pedra Amarela (Iansã)

Existem mais cores de pedra e seus Orixás, mas só recorremos a sete cores e seus Orixás regentes.

Ora, o simbolismo não se sustentaria se cada uma dessas pedras, suas cores e seus Orixás regentes não fossem em si mistérios da criação.

Como são, então temos isto:

- Caboclo da Pedra Branca (de Oxalá)
- Caboclo da Pedra Rosa (de Oxum)
- Caboclo da Pedra Verde (de Oxóssi)
- Caboclo da Pedra Vermelha (de Xangô)
- Caboclo da Pedra Azul (de Ogum)
- Caboclo da Pedra Roxa (de Obaluaiê e de Nanã)
- Caboclo da Pedra Preta (de Omolu)

Mas também temos uma linha de Exus da pedra preta.

Saibam que a Umbanda tanto tem em sua fundamentação o Mistério das Sete Palavras Sagradas como tem o das Sete Pedras Sagradas.

Como o das palavras é "abstrato", servimo-nos dele nas nossas orações, cantos, rezas, hinos, louvores, adorações, determinações, clamores, pedidos, promessas, doutrinações, ensinamentos, etc.

E nos servimos do Mistério das Sete Pedras Sagradas consagrando o nosso Otá; em nossos colares; em nossas firmezas com pedras; incorporando guias espirituais e Orixás identificados e nomeados por meio dos nomes simbólicos que esse mistério nos fornece.

Até onde sabemos, no Candomblé tradicional não existe um Xangô da pedra branca e outro da pedra preta.

Mas na Umbanda eles respondem aos nossos cantos, invocações, clamores, etc., pois são mistérios da Umbanda e estão à disposição de todos os que creem nos seus poderes de realização.

Agora, se não dá para firmar uma palavra porque, por ser som, é abstrata; no entanto, uma pedra é bem concreta e é possível firmar um ponto de defesa, de proteção e de trabalhos magísticos nos Centros de Umbanda com elas.

Para fazer isso, basta o dirigente espiritual umbandista proceder desta forma:

1) Adquirir no comércio de pedras ornamentais e no de pedras semipreciosas sete pedras de uma mesma cor (a azul, por exemplo).

2) Ao chegar em casa, deve colocá-las em uma bacia ou em uma tigela com água e sal e deixá-las em repouso por 24 horas para que sejam anuladas todas as vibrações e imantações de quem já as pegou nas mãos ou as desejou.

3) No dia seguinte, deve retirá-las, secá-las e envolvê-las em um pedaço de tecido branco ou azul.

4) Dirigir-se a uma cachoeira e abrir uma oferenda à senhora Oxum das Sete Pedras e ao senhor Ogum das Sete Pedras Azuis.

5) Colocar dentro da oferenda consagratória as sete pedras azuis e pedir-lhes que as consagrem para que possam ser firmadas no seu Centro de Umbanda como uma firmeza de proteção e possam ser usadas como ponto de descarga de magias negativas.

6) Caso aconteça de o senhor Ogum pessoal ou do seu Caboclo auxiliar incorporar no dirigente, então seu cambone deve servi-lo com a cerveja e com o charuto e dar-lhe as pedras, para que ele as cruze e as ative magisticamente.

7) Após sua consagração, envolva-as no pedaço de tecidos e leve-as diretamente para o centro, colocando-as em um local previamente escolhido em que as firmará em círculo e em definitivo, não as retirando mais.

8) Para ativá-las, bastará acender no centro do círculo uma vela azul-escuro e clamar ao senhor Ogum da Pedra Azul que ative seu poder mágico e que ali sejam recolhidas todas as sobrecargas negativas energéticas, vibracionais e espirituais acumuladas no centro, em seu campo mediúnico e no dos médiuns da corrente de trabalho, assim como, caso tenha alguma demanda contra o centro, que ali, no círculo com as sete pedras azuis, ela seja cortada e anulada.

Também, em caso de necessidade, podem colocar dentro do círculo nomes, fotografias ou roupas de consulentes necessitados que serão ajudados pelo Mistério das Sete Pedras Azuis. Fácil, não?

Saibam todos os umbandistas que essas firmezas fundamentadas nos mistérios da Umbanda não exigem mais que o que ensinamos aqui para serem ativadas em vosso auxílio.

Isso pertence à Umbanda e a nenhuma outra religião!

Nossa religião é riquíssima em fundamentos e em mistérios da criação, irmãos umbandistas! Não se sintam inferiorizados diante dos praticantes das outras porque a nossa é tão plena quanto a deles.

Agora, depois de tudo o que você leu e aprendeu aqui, ainda vai querer mistérios alheios em seu centro ou em seus trabalhos?

Mas, assim como mostramos como uma firmeza pode ser feita na força e no poder do senhor Ogum da Pedra Azul, bastará você ir até o ponto de forças de outro Orixá (do seu) e ali consagrar pedras de outras cores, firmando e ativando outros dos Mistérios das Sete Pedras Sagradas.

Observem isto:

1) Mistério das Sete Penas Sagradas:
1.1) Mistério das Sete Penas Brancas
1.2) Mistério das Sete Penas Verdes
1.3) Mistério das Sete Penas Azuis
1.4) Mistério das Sete Penas Vermelhas
1.5) Mistério das Sete Penas Douradas
1.6) Mistério das Sete Penas Roxas
1.7) Mistério das Sete Penas Amarelas
1.8) Mistério das Sete Penas Pretas (Exu)

2) Mistérios das Sete Fitas Sagradas:
2.1) Mistérios das Sete Fitas Brancas
2.2) Mistérios das Sete Fitas Verdes
2.3) Mistérios das Sete Fitas Azuis
2.4) Mistérios das Sete Fitas Vermelhas
2.5) Mistérios das Sete Fitas Amarelas
2.6) Mistérios das Sete Fitas Roxas
2.7) Mistérios das Sete Fitas Douradas
2.8) Mistérios das Sete Fitas Pretas (Exu)

3) Mistério dos Sete Símbolos Sagrados:
3.1) Mistério dos Sete Triângulos Sagrados
3.2) Mistérios das Sete Cruzes Sagradas
3.3) Mistérios dos Sete Pentágonos Sagrados
3.4) Mistérios dos Sete Hexagramas Sagrados
3.5) Mistérios dos Sete Heptagramas Sagrados
3.6) Mistérios dos Sete Octagramas Sagrados
3.7) Mistérios dos Sete Losângulos Sagrados, etc.

4) Mistério das Sete Toalhas Sagradas:
4.1) Mistério das Sete Toalhas Brancas
4.2) Mistério das Sete Toalhas Azuis
4.3) Mistério das Sete Toalhas Verdes
4.4) Mistério das Sete Toalhas Vermelhas
4.5) Mistério das Sete Toalhas Amarelas
4.6) Mistério das Sete Toalhas Douradas
4.7) Mistério das Sete Toalhas Roxas
4.8) Mistério das Sete Toalhas Pretas (Exu)

5) Mistério das Sete Flechas Sagradas:
5.1) Mistério das Sete Flechas Brancas
5.2) Mistério das Sete Flechas Azuis
5.3) Mistério das Sete Flechas Verdes
5.4) Mistério das Sete Flechas Vermelhas
5.5) Mistério das Sete Flechas Amarelas
5.6) Mistério das Sete Flechas Douradas
5.7) Mistério das Sete Flechas Roxas
5.8) Mistério das Sete Flechas Pretas

6) Mistério dos Sete Machados Sagrados:
6.1) Mistério dos Sete Machados Brancos
6.2) Mistério dos Sete Machados Azuis
6.3) Mistério dos Sete Machados Verdes
6.4) Mistério dos Sete Machados Vermelhos
6.5) Mistério dos Sete Machados Amarelos
6.6) Mistério dos Sete Machados Dourados
6.7) Mistério dos Sete Machados Roxos
6.8) Mistério dos Sete Machados Pretos (Exu)

7) Mistério das Sete Espadas Sagradas:
7.1) Mistério das Sete Espadas da Fé (brancas)
7.2) Mistério das Sete Espadas do Conhecimento (verdes)
7.3) Mistério das Sete Espadas da Lei (azul-escuro)
7.4) Mistério das Sete Espadas da Justiça (vermelhas)
7.5) Mistério das Sete Espadas do Amor (douradas)
7.6) Mistério das Sete Espadas da Evolução (violetas)
7.7) Mistério das Sete Espadas da Geração (rosas)

Mas sempre seguindo essa classificação do Setenário Sagrado, poderíamos continuar listando mistérios e mais mistérios que estão na Umbanda.

Basta pegarem os nomes simbólicos dos guias espirituais, que a lista tornar-se-á enorme, certo?

Afinal, temos isto:

- Mistério dos Sete Laços Sagrados
- Mistério dos Sete Véus Sagrados
- Mistério dos Sete Mantos Sagrados
- Mistério das Sete Faixas Sagradas
- Mistério das Sete Rosas Sagradas
- Mistério dos Sete Lírios Sagrados
- Mistério dos Sete Punhais Sagrados
- Mistério das Sete Pembas Sagradas
- Mistério dos Sete Leques Sagrados
- Mistério dos Sete Cálices Sagrados
- Mistério das Sete Chamas Sagradas
- Mistério dos Sete Raios Sagrados
- Mistério dos Sete Potes Sagrados
- Mistério dos Sete Lagos Sagrados
- Mistério das Sete Cachoeiras Sagradas
- Mistério das Sete Ondas Sagradas
- Mistério das Sete Praias Sagradas
- Mistério das Sete Montanhas Sagradas
- Mistério das Sete Pedreiras Sagradas
- Mistério dos Sete Ventos Sagrados
- Mistério dos Sete Escudos Sagrados
- Mistério dos Sete Chicotes Sagrados
- Mistério dos Sete Colares Sagrados
- Mistério das Sete Coroas Sagradas
- Mistério dos Sete Túmulos Sagrados
- Mistério das Sete Covas Sagradas
- Mistério dos Sete Campos Sagrados
- Mistério das Sete Esferas Sagradas
- Mistério das Sete Porteiras Sagradas
- Mistério das Sete Portas Sagradas
- Mistério dos Sete Portais Sagrados
- Mistério dos Sete Caminhos Sagrados
- Mistério dos Sete Rios Sagrados
- Mistério das Sete Correntes Sagradas
- Mistério das Sete Facas Sagradas

- Mistério das Sete Palmas Sagradas
- Mistério das Sete Palmeiras Sagradas
- etc.

Caso você queira mais nomes simbólicos de mistérios, comece a listá-los, pois todos estão dentro da Umbanda e estão a disposição dos médiuns umbandistas e dos dirigentes dos nossos centros.

Como Fazer as Firmezas dos Mistérios Umbandistas

Amigos leitores, vocês só viram uma pequena parte dos mistérios que dão fundamentação divina à Umbanda Sagrada, porque muitos outros existem e estão "por trás" dos trabalhos realizados pelos médiuns umbandistas nos seus centros e nos pontos de forças da natureza.

Se você é umbandista, pode firmar qualquer um deles e ativá-lo, tanto em seu próprio benefício quanto no do seus semelhantes, assim como para dar sustentação aos seus trabalhos durante as giras de atendimento público e de desenvolvimento mediúnico.

Você poderá firmá-los "em cima" de pontos riscados; sobre panos estendidos no solo, em estandartes, sobre o solo de terra batida, cimentado ou ladrilhado. A escolha é sua!

Vamos comentar um pouco sobre esses mistérios que listamos para que entendam suas fundamentações:

É de conhecimento público que a Teogonia Nagô nos legou a revelação de que existem cerca de 200 Orixás revelados (nomeados) e que existem outro tanto não revelado (não nomeados ou não abertos ao culto religioso).

Mas, se esse outro tanto não nomeado nos é desconhecido por ser formado por Orixás que não receberam nomes humanos em yorubá; no entanto, eles existem e têm funções importantíssimas na sustentação da criação, na evolução dos seres e na manutenção das espécies.

Muitos dos mistérios são regidos ou guardados por eles, ainda que não saibamos como nomeá-los e cultuá-los, assim como não sabemos como firmá-los e ativá-los religiosamente em nossos centros.

A Umbanda não afrontou o silêncio sobre esses Orixás não nomeados e não os abriu aos umbandistas, mas confiou seus poderes e mistérios aos que são cultuados dentro da nossa religião.

Assim, por nomes interpostos, nenhum poder divino e seu mistério ficou fora da fundamentação sagrada que dá amparo e sustentação religiosa e magística a todos os trabalhos dos umbandistas.

Como todos os Orixás regentes dos mistérios estão na Umbanda, (ainda que não saibamos seus nomes, então todos os campos vibratórios da natureza – rios, matas, montanhas, pedreiras, mares, etc.) estão abertos aos médiuns umbandistas, que podem entrar neles e ali realizarem seus trabalhos espirituais e magísticos.

E assim tem sido, pois os guias espirituais têm orientado seus médiuns nesse sentido.

Assim, como todos os campos vibratórios estão abertos aos médiuns umbandistas, também seus elementos formadores estão à disposição de quem quiser firmá-los em seu centro (dentro ou fora) e

Cores dos Orixás	Sentido	Linha
– Branco - Oxalá	da Fé	1ª
– Azul-escuro – Oiá-Logunam	da Fé	1ª
– Rosa – Oxum	do Amor	2ª
– Azul-celeste – Oxumaré	do Amor	2ª
– Verde – Oxóssi	do Conhecimento	3ª
– Magenta – Obá	do Conhecimento	3ª
– Vermelha – Xangô	da Justiça	4ª
– Laranja – Egunitá	da Justiça	4ª
– Azul-índigo – Ogum	da Lei	5ª
– Amarela – Iansã	da Lei	5ª
– Lilás – Nanã	da Evolução	6ª
– Violeta – Obaluaiê	da Evolução	6ª
– Azul-claro – Iemanjá	da Geração	7ª
– Roxa – Omolu	da Geração	7ª
– Preta – Exu	Todos os Sentidos	Todas as Linhas
– Vermelha Encarnada - Pombagira	Todos os Sentidos	Todas as Linhas

reproduzir em uma "firmeza" um portal limitado de acesso ao campo vibratório escolhido e ao(s) mistérios(s) ligado(s) a ele.

Mas se tudo isso está aberto e à disposição dos umbandistas, no entanto faltam conhecimento e informações corretas e fundamentadoras sobre como fazer essas firmezas e como ativá-las em nosso benefício, certo?

Bom, como nosso propósito é fundamentar a Umbanda no seu lado material e concreto, pois no seu lado espiritual ela já foi fundamentada em sua codificação divina, então vamos adentrar nesse campo ainda fechado para os umbandistas e desenvolver comentários que os "ensinarão" como devem proceder para firmar e ativar alguns dos "Mistérios de Umbanda Sagrada".

Mistério das Sete Penas Sagradas

Esse mistério é regido por um Orixá, não nomeado, cuja função na criação é dar sustentação à vida na forma de "aves".

Sim, a vida tem muitos meios para fluir e, além de nós, os "espíritos humanos" também fluem por meio de outras espécies, de outras formas e por outros meios.

Como "pena" pode ser de uma ave ou de uma caneta (lembrem-se que no passado usavam-se penas de aves para escreverem, certo?), então, como Oxóssi e Obá regem sobre o conhecimento, esses dois Orixás que se polarizam e pontificam a terceira linha da Umbanda (a do conhecimento), por interposição, regem o Mistério das Sete Penas Sagradas.

Mas como existem penas de muitas cores, então existem os Orixás guardiões desse mistério, pois o branco é de Oxalá, o roxo é de Omolu, o preto é de Exu, etc.

Saibam que todo mistério tem um par de Orixás regentes (ainda que interpostos) e todos os outros (todos, certo?) como seus guardiões.

Então temos isto:

Mistério das Sete Penas Sagradas: seus regentes são os Orixás Oxóssi e Obá.

E, nesse mistério, como a cor verde é a dele e a magenta é a dela, essas duas cores de penas lhes pertencem e, nesse mistério, são seus identificadores e seus elementos básicos fundamentais.

Logo, criar um círculo mágico com sete penas verdes é criar um "portal" através do qual atuará em nosso benefício o mistério "Oxóssi".

E criar um círculo mágico com sete penas magentas é criar um portal através do qual atuará em nosso benefício o mistério "Obá".

O verde e o magenta são as duas cores do "conhecimento" em si e que formam a terceira linha de Umbanda Sagrada, fundamentada (mesmo!) nos sete sentidos da vida.

O conhecimento em si mesmo é um mistério da criação e tem a onisciência divina a fundamentá-lo em Deus, nosso divino Criador Olorum que, por interposição, confiou a Oxóssi e Obá a regência do Mistério das Sete Penas Sagradas e confiou aos outros Orixás sua guarda.

Como quem guarda é quem dá atividade aos mistérios derivados do mistério maior, então daí surgem os poderes de atuação dos outros Orixás, todos seus Guardiões divinos.

Um mistério é classificado como maior se está fundamentado em uma forma de vida, em um meio da vida e nos seres que nele vivem e evoluem.

Um mistério é classificado como derivado se estiver fundamentado em uma das partes formadoras de uma forma de vida; de uma parte de um meio da vida e de uma parte dos seres que nele vivem e evoluem.

- Oxóssi rege sobre os vegetais (as matas);
- As matas abrigam muitas formas de vidas e são em si um meio onde elas vivem e evoluem.
- As aves vivem nas matas e são parte do seu ecossistema.
- As penas são partes das aves, pois as revestem, protegem e sustentam em suas evoluções no ar (dão-lhes o poder de voarem).

Então, vocês viram como devem procurar a fundamentação dos mistérios, certo?

E o mesmo devem fazer com os outros mistérios, pois existem penas verdes, amarelas, vermelhas, etc.

Como cada cor é regida por um Orixá, bastará saberem a cor original de cada um para, daí em diante, tudo se tornar fácil.

Vamos dar uma lista das cores originais dos Orixás, dos sentidos e das linhas regidas por eles, para que tudo seja fácil de ser identificado e classificado.

Então, ao criarem seus círculos mágicos com penas, terão isto:

- Sete Penas Verde – Oxóssi
- Sete Penas Magenta – Obá

- Sete Penas Branca – Oxalá
- Sete Penas Azul-escuro – Logunan
- Sete Penas Rosa – Oxum
- Sete Penas Azul-celeste – Oxumaré
- Sete Penas Vermelha – Xangô
- Sete Penas Laranja – Oroiná
- Sete Penas Azul-índigo – Ogum
- Sete Penas Amarela – Iansã
- Sete Penas Lilás – Nanã
- Sete Penas Violeta – Obaluaiê
- Sete Penas Azul-claro – Iemanjá
- Sete Penas Roxa – Omolu
- Sete Penas Preta – Exu
- Sete Penas Vermelhas Encarnadas – Pombagira

É claro que você não vai sair à caça de espécies raras de aves para conseguir suas penas coloridas, certo? Certíssimo!

Bastará adquirir no comércio penas de aves brancas (do rabo ou das asas de galos e de galinhas) e pintá-las com as cores desejadas, que você terá os elementos necessários para criar seus círculos mágicos fundamentados no Mistério das Sete Penas Sagradas.

Os abatedouros de aves produzem milhares de toneladas de penas de patos, galos, galinhas, marrecos, perus (as melhores porque são maiores, mais duras e mais resistentes), etc.

Logo, penas é o que não falta, certo?

Basta submergi-las em tintas corantes que a cor será conseguida facilmente, tal como fazem com as rosas brancas tingidas com corantes.

Tudo é fácil se temos imaginação, criatividade e os fundamentadores elementais dos mistérios. E as cores o são, certo?

Agora, você já viu o poder de realização de um círculo mágico do Mistério das Sete Penas Sagradas?

Faça um, ative-o e surpreenda-se com um magnífico e poderoso trabalho mágico. Temos certeza de que serão beneficiados.

Lembre-se de que, caso você coloque as penas com as pontas para fora, elas irão projetar-se na direção do seu exterior e atuarão sobre forças, poderes e mistérios negativos ativados contra você por meio de magias negativas ou irão atuar sobre forças, poderes e mistérios com os quais você se desequilibrou ou com eles antagonizou-se por causa das suas ações, dos seus sentimentos, suas palavras e seus pensamentos negativos.

Caso você não acredite que possa ter se desequilibrado ou se antagonizado com forças, poderes e mistérios da criação, lembre-se de que você pode ser médium, mas não é nenhum "santinho" encarnado.

E muito menos, não é um mestre Ascenso que reencarnou para salvar a humanidade.

Nunca se esqueça de que você é só um médium e que, por meio dessa sua mediunidade, poderá transformar seu carma em dharma. Mas é só!

Até agora não vimos nenhum avatar encarnado aqui, nessas bandas brasileiras, ainda que não faltem alguns impostores autonomeados de plantão e infernizando a vida dos seus "irmãos de fé!"

Bom, divagação à parte, porque há impostores em todas as atividades humanas, o fato certo e concreto é que o círculo simboliza seu campo e o lado de fora dele simboliza os campos alheios.

Por isso, caso você coloque as penas com as pontas para fora, elas trabalharão suas dificuldades em campos alheios.

E caso você as coloque com as pontas viradas para dentro e em direção à vela colocada em seu centro, o Mistério das Sete Penas trabalhará as dificuldades projetadas contra você por terceiros e as que você atraiu para si devido a seus atos, palavras, pensamentos e sentimentos.

Caso queira, então crie um círculo com sete penas com as pontas viradas para fora e com outras sete, com as pontas viradas para dentro, que, aí sim, o mistério tanto trabalhará seu campo quanto os campos alheios.

Sabemos que você não sabia muito sobre esse fundamento mágico determinador das posições dos elementos usados nos círculos mágicos.

Mas não se culpe por não sabê-lo antes, porque nenhum outro umbandista sabia disso também.

Afinal, só agora a Umbanda está deixando de ter "segredos e erós" que ninguém sabia explicar ou ensinar e está começando a tomar conhecimento da existência e do significado de mistério, e dos mistérios que a fundamentam como religião.

Tudo tem o seu tempo em uma religião. E, na Umbanda, esse é o tempo para fundamentá-la no seu lado material, concreto e visível aos olhos dos encarnados.

Quanto à ativação de um círculo mágico, se tudo começa em Deus, é por Ele que ela deve começar.

E, se os regentes e os guardiões dos mistérios são os sagrados Orixás, eles devem ser invocados.

E, se todas as ações são regidas pela Lei Maior e pela Justiça Divina, elas não devem ser esquecidas ou deixadas de fora da sua invocação.

E, se todo mistério tem seus Orixás regentes (um par) e tem seus Guardiões (todos os outros), aí é fácil, não?

Eis uma invocação básica e infalível ainda que você tenha o dever de lhes determinar as ações que devem realizar em seu benefício e no dos seus semelhantes.

Eu invoco o Divino Criador Olorum, seus sagrados Orixás, os senhores Orixás regentes e os senhores Orixás Guardiões dos mistérios da Lei Maior e da Justiça Divina, os senhores Orixás regentes e os senhores Orixás Guardiões do mistério.......... (citar o nome do mistério) e peço-lhes que ativem este espaço mágico (uma firmeza ou um vórtice) para que por meio dele atuem em meu benefício (e de quem mais você citar), auxiliando-nos segundo nossas necessidades e nosso merecimento.

Após isso, aí sim, dirija-se aos Orixás que regem seu círculo mágico e, respeitosamente, determine os trabalhos a serem realizados (sustentação, descarrego, purificação, energização, recolhimento de espíritos desequilibrados, anulação de magias negativas, etc.).

Caso você queira, ative sua firmeza para uma ou mais ações ao mesmo tempo, assim como você poderá colocar nomes, fotografias e objetos de uso pessoal dos consulentes dentro do círculo mágico e determinar ações que os beneficiem. Mas deve deixá-los dentro por sete dias, só retirando-os após esse período de tempo, pois só após sete dias completa-se um giro completo das sete irradiações ou das sete linhas de Umbanda Sagrada.

A Umbanda tem fundamentos. Só é preciso conhecê-los e saber como ativá-los.

Não é falando que tudo é "segredo ou erô", mas não sabendo ensinar nada a ninguém, que os "avatares" de plantão tirarão a Umbanda da dependência dos fundamentos alheios.

Temos os nossos, e só precisamos conhecê-los e ativá-los, que imediatamente somos beneficiados segundo nossos merecimentos e nossas necessidades.

Se você só criou um círculo mágico, então após sete dias poderá desmanchar e guardar os elementos usados para criá-lo (penas, pedras, punhais, fitas, etc.) voltando a criá-lo quando precisar.

Nesse caso, recomendamos que os consagre nas forças e nos poderes dos seus regentes e, sempre que recolhê-los, guarde-os envoltos em um tecido na cor deles.

Agora, se você criou o seu círculo mágico (ou uma cruz, um triângulo, um pentagrama, etc.) como uma firmeza de proteção ao seu centro e aos seus trabalhos espirituais, aí você deve iluminá-lo no mínimo a cada sete dias com velas "palito".

Mas, caso queira, também poderá manter sua firmeza iluminada de forma permanente usando velas de sete dias.

Agora, com você já sabendo como fazer uma firmeza e como se servir do poder de sua realização, vamos listar alguns dos mistérios fundamentadores da Umbanda e seus regentes. Mas daremos o nome de apenas um para não complicar ainda mais um assunto tão vasto e tão complexo, certo?

Os Mistérios e Suas Regências

- Mistério dos Sete Símbolos – Olorum
- Mistério das Sete Fitas – Oxalá
- Mistério dos Sete Triângulos – Oxalá
- Mistério das Sete Cruzes – Obaluaiê
- Mistério dos Sete Pentagramas – Ogum
- Mistério dos Sete Hexagramas – Xangô
- Mistério dos Sete Heptagramas – Iemanjá
- Mistério dos Sete Octagramas – Obaluaiê
- Mistério dos Sete Losângulos – Nanã
- Mistério dos Sete Círculos – Olorum
- Mistério dos Sete Retângulos – Omolu
- Mistério dos Sete Corações – Oxum

Há outras figuras geométricas cujas regências ainda não foram reveladas no momento ao plano material.

Mas vocês devem lembrar-se de que a regra de identificação, nomeação e ativação é válida para todos os mistérios.

E, porque assim é, um triângulo com velas brancas firmadas em seus vértices é de Oxalá, um com velas verdes é de Oxóssi, um com velas vermelhas é de Xangô, etc.

Mistério dos Sete Machados Sagrados – Xangô
Mistério das Sete Adagas Sagradas – Pombagira
Mistério das Sete Águas Sagradas – Iemanjá
Mistério das Sete Âncoras Sagradas – Ogum
Mistério das Sete Aranhas Sagradas – Iansã
Mistério das Sete Argolas Sagradas – Oxalá
Mistério das Sete Asas Sagradas – Iansã
Mistério das Sete Aves Sagradas – Oxalá
Mistério das Sete Bocas Sagradas – Exu
Mistério das Sete Borboletas Sagradas – Oxum
Mistério das Sete Brasas Sagradas – Xangô
Mistério das Sete Cabaças Sagradas – Nanã
Mistério das Sete Cabeças Sagradas – Oxalá
Mistério das Sete Cachoeiras Sagradas – Oxum
Mistério das Sete Campinas Sagradas – Iansã
Mistério das Sete Capas Sagradas – Oxalá
Mistério das Sete Caveiras Sagradas – Omolu
Mistério das Sete Chamas Sagradas – Xangô
Mistério das Sete Chaves Sagradas – Oxalá
Mistério das Sete Chuvas Sagradas – Iansã
Mistério das Sete Cobras Sagradas – Oxumaré
Mistério das Sete Colunas Sagradas – Iansã
Mistério das Sete Conchas Sagradas – Iemanjá
Mistério das Sete Cores Sagradas – Oxumaré
Mistério das Sete Coroas Sagradas – Oxalá
Mistério das Sete Corredeiras Sagradas – Iansã
Mistério das Sete Correntes Sagradas – Ogum
Mistério das Sete Covas Sagradas – Omolu
Mistério das Sete Ervas Sagradas – Oxóssi
Mistério das Sete Escamas Sagradas – Iemanjá
Mistério das Sete Esferas Sagradas – Oxalá
Mistério das Sete Espadas Sagradas – Ogum
Mistério das Sete Espirais Sagradas – Iansã
Mistério das Sete Facas Sagradas – Ogum
Mistério das Sete Fagulhas Sagradas – Iansã
Mistério das Sete Faixas Sagradas – Ogum
Mistério das Sete Fechaduras Sagradas – Nanã
Mistério das Sete Fendas Sagradas – Pombagira
Mistério das Sete Fisgas Sagradas – Iemanjá

Mistério das Sete Flechas Sagradas – Oxóssi
Mistério das Sete Flores Sagradas – Oxalá
Mistério das Sete Fogueiras Sagradas – Oroiná
Mistério das Sete Foices Sagradas – Omolu
Mistério das Sete Folhas Sagradas – Oxóssi
Mistério das Sete Frutas Sagradas – Oxum
Mistério das Sete Gargantas Sagradas – Iansã
Mistério das Sete Garras Sagradas – Exu
Mistério das Sete Giras Sagradas – Logunan
Mistério das Sete Gotas Sagradas – Nanã
Mistério das Sete Grutas Sagradas – Oxum
Mistério das Sete Horas Sagradas – Oxalá
Mistério das Sete Lagoas Sagradas – Obá
Mistério das Sete Lanças Sagradas – Ogum
Mistério das Sete Letras Sagradas – Oxalá
Mistério das Sete Línguas Sagradas – Oxalá
Mistério das Sete Magias Sagradas – Oxalá
Mistério das Sete Mãos Sagradas – Oxalá
Mistério das Sete Matas Sagradas – Oxóssi
Mistério das Sete Montanhas Sagradas – Xangô
Mistério das Sete Moringas Sagradas – Nanã
Mistério das Sete Nuvens Sagradas – Iansã
Mistério das Sete Oferendas Sagradas – Oxalá
Mistério das Sete Ondas Sagradas – Iemanjá
Mistério das Sete Palmas Sagradas – Oxalá
Mistério das Sete Palmeiras Sagradas – Iansã
Mistério das Sete Passagens Sagradas – Obaluaiê
Mistério das Sete Pedras Sagradas – Oxalá
Mistério das Sete Pedreiras Sagradas – Iansã
Mistério das Sete Peles Sagradas – Omolu
Mistério das Sete Pembas Sagradas – Oxalá
Mistério das Sete Pimentas Sagradas – Exu
Mistério das Sete Portas Sagradas – Obaluaiê
Mistério das Sete Porteiras Sagradas – Obaluaiê
Mistério das Sete Praias Sagradas – Omolu
Mistério das Sete Presas Sagradas – Exu
Mistério das Sete Quartinhas Sagradas – Oxum
Mistério das Sete Quedas Sagradas – Oxum
Mistério das Sete Raízes Sagradas – Exu

Mistério das Sete Rendas Sagradas – Iansã
Mistério das Sete Rosas Sagradas – Oxum
Mistério das Sete Saias Sagradas – Logunan
Mistério das Sete Sementes Sagradas – Oxumaré
Mistério das Sete Tiaras Sagradas – Iansã
Mistério das Sete Toalhas Sagradas – Oxalá
Mistério das Sete Trancas Sagradas – Ogum
Mistério das Sete Unhas Sagradas – Pombagira
Mistério das Sete Varas Sagradas – Iansã
Mistério das Sete Vibrações Sagradas – Iansã
Mistério dos Sete Abismos Sagrados – Pombagira
Mistério dos Sete Alfanjes Sagrados – Omolu
Mistério dos Sete Animais Sagrados – Exu
Mistério dos Sete Anzóis Sagrados – Oxum
Mistério dos Sete Arcos Sagrados – Oxóssi
Mistério dos Sete Aros Sagrados – Iansã
Mistério dos Sete Buracos Sagrados – Exu
Mistério dos Sete Cadeados Sagrados – Oxalá
Mistério dos Sete Cajados Sagrados – Oxalá
Mistério dos Sete Cálices Sagrados – Oxalá
Mistério dos Sete Caminhos Sagrados – Ogum
Mistério dos Sete Campos Sagrados – Omolu
Mistério dos Sete Cantos Sagrados – Oxum
Mistério dos Sete Cascos Sagrados – Ogum
Mistério dos Sete Cetros Sagrados – Oxalá
Mistério dos Sete Chicotes Sagrados – Iansã
Mistério dos Sete Colares Sagrados – Oxum
Mistério dos Sete Coriscos Sagrados – Iansã
Mistério dos Sete Corpos Sagrados – Oxalá
Mistério dos Sete Degraus Sagrados – Oxalá
Mistério dos Sete Dentes Sagrados – Omolu
Mistério dos Sete Diademas Sagrados – Oxum
Mistério dos Sete Eixos Sagrados – Ogum
Mistério dos Sete Escudos Sagrados – Ogum
Mistério dos Sete Espaços Sagrados – Oxalá
Mistério dos Sete Esqueletos Sagrados – Omolu
Mistério dos Sete Facões Sagrados – Oxóssi
Mistério dos Sete Ganchos Sagrados – Exu
Mistério dos Sete Girassóis Sagrados – Iansã

Mistério dos Sete Lábios Sagrados – Oxum
Mistério dos Sete Labirintos Sagrados – Exu
Mistério dos Sete Laços Sagrados – Logunan
Mistério dos Sete Lagos Sagrados – Nanã
Mistério dos Sete Leques Sagrados – Iansã
Mistério dos Sete Lírios Sagrados – Oxalá
Mistério dos Sete Livros Sagrados – Oxalá
Mistério dos Sete Mantos Sagrados – Oxalá
Mistério dos Sete Minérios Sagrados – Oxum
Mistério dos Sete Números Sagrados – Oxalá
Mistério dos Sete Ossos Sagrados – Omolu
Mistério dos Sete Ovos Sagrados – Oxalá
Mistério dos Sete Passos Sagrados – Oxumaré
Mistério dos Sete Pilares Sagrados – Oxalá
Mistério dos Sete Portais Sagrados – Oxalá
Mistério dos Sete Pós Sagrados – Omolu
Mistério dos Sete Potes Sagrados – Nanã
Mistério dos Sete Punhais Sagrados – Iansã
Mistério dos Sete Punhos Sagrados – Ogum
Mistério dos Sete Raios Sagrados – Iansã
Mistério dos Sete Rios Sagrados – Oxum
Mistério dos Sete Sabres Sagrados – Iansã
Mistério dos Sete Tridentes Sagrados – Exu
Mistério dos Sete Trovões Sagrados – Xangô
Mistério dos Sete Túmulos Sagrados – Omolu
Mistério dos Sete Vasos Sagrados – Iemanjá
Mistério dos Sete Ventos Sagrados – Iansã
Mistério dos Sete Verbos Sagrados – Olorum
Mistério dos Sete Véus Sagrados – Oxum
Mistério dos Sete Vulcões Sagrados – Oroiná

Bom, aí têm 149 Mistérios Sagrados que estão com seus regentes naturais ou interpostos nomeados.

Mas existem muitos outros e, se vocês desdobrarem cada um deles pelos outros Orixás cultuados na Umbanda, verão que a quantidade de mistérios derivados é enorme.

Pensem assim: Como a Umbanda se serve dos cantos sacros (pontos cantados), então existe um Mistério dos Sete Cantos Sagrados.

Como a Umbanda serve-se das orações, então existe um Mistério das Sete Orações Sagradas.

Como a Umbanda se serve das rezas, então existe o Mistério das Sete Rezas Sagradas.

Como a Umbanda se serve das danças, então existe o Mistério das Sete Danças Sagradas.

Como a Umbanda se serve de emblemas, então existe o Mistério dos Sete Emblemas Sagrados.

Como a Umbanda se serve dos nós para amarrar os males (e os espíritos malignos), então existe o Mistério dos Sete nós Sagrados (capazes de amarrarem todos os males e todos os seres malignos), pois se tal mistério não existisse, não seriam sete nós feitos em uma linha ou fita que amarrariam tais coisas, não é mesmo?

Como a Umbanda se serve dos cordões, então existe o Mistério dos Sete Cordões Sagrados.

Como a Umbanda se serve de templos para seus cultos, então existe o Mistério dos Sete Templos Sagrados.

Como a Umbanda se serve de altares, então existe o Mistério dos Sete Altares Sagrados.

Como a Umbanda se serve de imagens, então existe o Mistério das Sete Imagens Sagradas.

Como a Umbanda se serve do amor, então existe o Mistério dos Sete Amores Sagrados (os sete corações, certo?).

Como a Umbanda é uma religião, então existe um Mistério das Sete Religiões Sagradas (dando sustentação a todas, certo?).

Como a Umbanda se serve das tronqueiras, então existe um Mistério das Sete Tronqueiras Sagradas.

Como a Umbanda se serve dos assentamentos de forças e de poderes, então existe um Mistério dos Sete Assentamentos Sagrados.

Como a Umbanda se serve da vestimenta que distingue os seus médiuns, então existe o Mistério das Sete Vestes Sagradas.

Como a Umbanda se serve do uso das palavras, então existe o Mistério das Sete Palavras Sagradas.

Etc., certo?

Aí você se pergunta ou pergunta-nos como isso é possível de estar na Umbanda, não é mesmo?

Nós lhe respondemos isto:

Filho(a), não existem palavras que despertam a fé, o amor, a razão, a compreensão, o entendimento, a evolução, a consciência, a esperança, a resignação, a paciência, o respeito, a reverencia, a adoração, a devoção, o arrependimento, a transformação, etc.?

Logo, se as palavras são capazes de despertar tais sentimentos, então elas têm em si mesmas o poder e, por isso, são cada uma delas um mistério em si mesma.

E podemos, servindo-nos dos sete sentidos, identificá-las, classificá-las, agrupá-las e nomeá-las dessa forma:

- Mistério das Palavras da Fé
- Mistério das Palavras do Amor
- Mistério das Palavras do Conhecimento
- Mistério das Palavras da Justiça
- Mistério das Palavras da Lei
- Mistério das Palavras da Evolução
- Mistério das Palavras da Geração

Se isso é possível (e é), então com tudo mais, essa classificação também é possível.

Na verdade, o Setenário Sagrado tem uma regra classificatória geral que engloba tudo e todos por meio dos sete sentidos e não deixa nada de fora ou solto no tempo e no espaço. E isso acontece tanto no alto quanto no embaixo; tanto na direita quanto na esquerda; tanto no à frente quanto no atrás.

Logo, você tem de atinar com a presença do mistério (ou onipresença) em sua religião para que, daí em diante, não profane as coisas sagradas e não sacralize as coisas profanas.

Tudo tem sua importância se cada coisa estiver em seu lugar e for ativada ou usada de forma correta.

Essa regra aplica-se integralmente aos assentamentos dos Orixás e às suas firmezas nos centros de Umbanda.

Afinal, os Orixás vieram da Nigéria e são as divindades nacionais ou de uma parte do povo nigeriano e lá também são oferendados, firmados e assentados usando-se elementos naturais ou manufaturados.

Ferramentas, adereços, instrumentos mágicos, indumentárias, símbolos, signos, emblemas, etc., têm poder porque evocam divindades.

Logo, em seus assentamentos, um ou alguns desses itens manufaturados estão presentes e são fundamentais para a identificação do dono do assentamento e também têm por trás seus poderes de realizações.

Conclusão

Esperamos que a identificação de alguns dos muitos mistérios da Umbanda e a nomeação dos seus Orixás regentes auxiliem no momento em que precisarem fazer uma oferenda, uma firmeza ou um assentamento.

Os próprios mistérios já nos fornecem os elementos que devemos usar, ainda que não haja uma regra única na sua distribuição dentro de uma oferenda, de uma firmeza e de um assentamento.

Lembrem-se de que aqui só nomeamos alguns dos muitos mistérios que estão presentes na Umbanda.

Peguem como exemplo o Mistério Sete Pedras-Pretas.
- Temos Caboclos da Pedra-Preta
- Temos Exu da Pedra-Preta
- Temos Xangô da Pedra-Preta

E, se essas entidades são conhecidas e atuantes dentro da Umbanda, então em uma firmeza ou em um assentamento o fundamento desse mistério está em todas as pedras de cor preta e neles elas são os elementos principais e imprescindíveis.

Quanto aos demais que colocarem, serão acréscimos de recursos para que a entidade firmada ou assentada possa atuar com mais facilidade nos outros campos de ação abertos para ela.

§ Fitas, cordões, velas, faixas, toalhas, pembas, bebidas, sementes, pós, ferramentas, instrumentos mágicos, etc, são acréscimos que facilitam as ações da entidade firmada ou assentada, seja ela um Caboclo, um Exu ou um Orixá.